中国股票型开放式基金流动性价值研究

孙思　著

中国·广州

图书在版编目（CIP）数据

中国股票型开放式基金流动性价值研究／孙思著. —广州：暨南大学出版社，2013. 12

ISBN 978 -7 -5668 -0546 -1

Ⅰ. ①中… Ⅱ. ①孙… Ⅲ. ①投资基金—研究—中国 Ⅳ. ①F832. 51

中国版本图书馆 CIP 数据核字（2013）第 086799 号

出版发行：暨南大学出版社

地　址：中国广州暨南大学
电　话：总编室（8620）85221601
营销部（8620）85225284　85228291　85228292（邮购）
传　真：（8620）85221583（办公室）　85223774（营销部）
邮　编：510630
网　址：http：//www. jnupress. com　http：//press. jnu. edu. cn

排　版：弓设计
印　刷：佛山市浩文彩色印刷有限公司

开　本：890mm×1240mm　1/32
印　张：5
字　数：150 千
版　次：2013 年 12 月第 1 版
印　次：2013 年 12 月第 1 次

定　价：20. 00 元

前　言

股票型开放式基金的流动性在本书中主要是指股票型开放式基金持有的银行存款、结算备付金和存出保证金等，有点类似于公司所持有的现金及其等价物。开放式基金流动性除了账面价值外，还蕴含某种潜在价值。对这种潜在价值进行评估，对于开放式基金的流动性管理具有重要意义。

开放式基金根据制度要求，要持有不低于资产净值5%的现金或国债以应对投资者的赎回。但股票型开放式基金大都持有13%左右的现金及其等价物，也就是说，大多数基金是持有超额流动性的，流动性的收益一般低于股票或债券，那么开放式基金为什么持有过量的流动性呢？超额流动性不仅仅是账面上的价值，还具有隐含的期权价值。因为持有超额流动性给予了开放式基金在投资机会到来时，及时抓住投资机会而提高盈利的选择权。如果股票型开放式基金没有超额流动性，则当投资机会到来时，基金难以及时抓住投资机会，甚至有可能错过投资机会。超额流动性赋予开放式基金的这种未来选择权是有价值的，这是一种期权价值。

既然开放式基金持有的超额流动性是用于抓住未来投资机会的，那么，什么是基金的投资机会呢？结合巴菲特和格雷厄姆关于投资机会的定义，投资机会就是能使基金获得超过交易成本和流动性持有成本的收益的投资机会，由这些投资机会构成的集合就是投资机会集。本书结合企业对投资机会价值的评估方法，评估开放式基金流动性的投资机会集的价值。开放式基金持有的超额流动性就是要在流动性和投资机会集之间互换以增加基金的收益（这一点类似于一种新型期权——交换期权），借鉴交换期权的定价原理评估开放式基金超额流动性的价值。这种价值随市场行情的变化而变化，行情好时价值高，行情差时价值低。

研究流动性价值的目的是为基金管理者提供一些管理建议或管理工具。开放式基金的流动性管理非常重要，因为开放式基金不仅要应对一般企业所面临的流动性管理问题，还要处理一类特殊问题——投资者的申购赎回对流动性的冲击，这使得开放式基金要确定适当的流动性持有量更加困难。但量与价有着相互影响的关系，如果知道了流动性的价值，确定流动性的量就会变得容易些，正是基于上述考虑，本书分析开放式基金的流动性的特点和流动性的价值，并在此基础上，分析了流动性价值的影响因素。

目　录

1 绪论

1.1 研究背景和研究意义

世界上第一只公司型开放式基金——马萨诸塞投资信托基金于1924年在美国波士顿成立。如今，开放式基金已成为国际基金市场的主流品种。2001年9月21日，我国第一只开放式基金——华安创新证券投资基金诞生。随着中国经济的发展和国民财富的增长，开放式基金专家理财、组合投资、分散风险的优势赢得投资者的青睐，逐渐成为投资者资产配置的重要工具。伴随着2006年和2007年的牛市，开放式基金在我国实现了跨越式的发展，规模一度突破3万亿元，成为中国证券市场上最重要的机构投资者之一。

在我国开放式基金具有良好发展背景的前提下，关注与研究开放式基金发展的任何新现象与新问题都具有重要的现实意义。开放式基金的流动性问题是最值得研究的重要课题之一，这是由开放式基金流动性的复杂性及流动性风险的特殊性共同决定的。

开放式基金的流动性极其复杂，无论流出或流入，都受多方面因素的影响，基金管理人除了要关注基金资产净值外，还需要密切注意基金在发售、赎回、分红等运作管理过程中遇到的现金流动问题。如果出售新基金单位所收入的现金不能满足支付需要，并且短期融资渠道又不是很通畅的话，开放式基金不仅不能扩大基金规模，还可能需要变现所持证券。如果刚好遇上证券市场下跌时期，变现证券无疑会在价格上遭受损失，降低基金净值，而净值的降低会引致进一步的赎回需求，从而使开放式基金陷入一种恶性循环。

开放式基金面临的流动性风险与流动性的复杂性相对应，同时，也有其特殊性。它不仅要面对一般金融机构所共有的资产变现困难和不能在适当价位变现的风险，还要面对一个特殊风险——巨额赎回风险。巨额赎回风险与商业银行的挤兑风险有些类似，但又不完全相同。银行挤兑有“先到先得”的特点，但开放式基金赎回没有银行存款兑现的这种特点，这使得开放式基金投资者的赎回动机可能没有银行存款人的兑现需求那样强烈。但是，如果巨额赎回恰巧发生在市场恶化的情况下，市场恶化将使得证券价格持续下跌，再加上基金由于应对赎回，不得不集中抛售证券而带来的额外价格损失，并且在这种情况下，持有人的赎回需求对市场条件和资产净值的变化都比较敏感，一只开放式基金的被迫清盘很有可能引起连锁反应，造成市场异常波动甚至崩盘，给投资者带来巨大损失（薛强军，2007）。因此，加强开放式基金的流动性管理和流动性风险管理就显得非常重要，这在微观层面决定了开放式基金的生存发展，在宏观层面关系到我国新兴的基金产业甚至证券市场的稳定发展（薛强军，2007）。要有效地管理风险，就需要精确地度量风险，但如果能对资产进行精确定价，风险管理就会相对容易。由此可见，对开放式基金的流动性价值进行评估是必要而迫切的。

实际上，流动性的价值对开放式基金的各个利益相关方都具有重要意义。对开放式基金本身来说，流动性的定价有利于平衡其资产的盈利性和流动性，同时降低挤赎清算风险，能够帮助开放式基金寻找具有盈利性和流动性更高同时风险更低的流动性资产持有量和持有结构；整个开放式基金体系乃至整个金融体系的安全性、流动性和盈利性是建立在各个金融单位、机构和产品的安全性、流动性和盈利性的基础之上的，因此，流动性的定价对整个金融体系也具有重要意义；对监管机构来说，在金融创新活跃、金融衍生品层出不穷的时代，准确把握流动性资产的价值，能够有效提高对开放式基金的监管，及时发现和化解金融风险，提高金融体系的安全性；对基金投资者来说，资金的安全性至关重要，投资人希望及时了解开放式基金的运营状况及其风险管理状况，以便保障自身资金的安全性和盈利性（曾林阳，2009）。流动性定价能给以上各个利益相关方提供丰富的信息和观察指标。

综上所述，开放式基金流动性的管理极其重要。对影响流动性的各因素进行分析和研究，探讨其流动性的本质，为流动性进行定价，不仅有助于理清流动性持有量与价值之间的逻辑关系，具有理论价值，而且有助于基金管理人、投资人、监管者对流动性进行管理或监督。鉴于此，本书试图通过理论分析与实践验证提出一个适用于开放式基金流动性定价的模型，以期能对基金管理人管理基金、投资者投资基金或监管者监管基金提供一些管理、分析、监管的指标。

1.2 概念界定

1.2.1 开放式基金

开放式基金是指基金份额的总规模不固定，可视投资者的需求，随时向投资者出售基金份额，并应投资者要求赎回发行在外的基金份额的一种基金运作方式，和封闭式基金共同构成了基金的两种运作方式。开放式基金的投资者既可以通过基金销售机构购买基金，从而使得基金资产和规模相应增加；也可以将所持有的基金份额卖给基金并收回现金，使得基金资产和规模相应地减少（杨文珍，2009）。

1.2.2 流动性

金融资产的三大基本属性是收益性、安全性和流动性，这三大基本属性同时也是金融资产区别于普通商品的重要特征。其中，流动性是最复杂的一个概念，虽然学者们频繁使用流动性一词，但至今对其还没有一个公认的精确定义。

Keynes 是最早提出流动性概念及思想的学者，他对流动性的定义是描述性的——“如果一种资产比另一种资产更容易不受损失地在短期内变现，则该资产比另一种资产更具流动性”。从这里可以看出，Keynes 认为流动性是资产转变为现金的容易程度，但只是给出了一个相对指标，并没有绝对的尺度。随后，Keynes (1936) 提出了流动性偏好理论，认为人们普遍具有流动性偏好的原因是在未来存在不确定性的情况下，人们对不可预测的未来变化感到疑虑或存在不安全感，从而倾向于持有货币这种价值较为稳定、周转相对灵活的资产。从 Keynes 的流动性偏好的思想可以看出，人们偏好流动性的原因是流动性有保险的功用。随着对流动性研究的推进与拓展，出现了各种各样的关于流动性的定义，这些定义互不相同但又相互关联，其本质都是对 Keynes 流动性内涵的引申和拓展。

以货币为媒介的交易替代物物交换是人类社会的重大进步，伴随着这种进步，货币逐渐作为所有交易的最终结算手段。从这个角度出发，很多文献将流动性视为金融资产转变为现金的能力，并在此基础上引申出四种流动性的概念界定（廖俭，2011）:

1. 宏观层面的流动性

宏观层面的流动性，指的是中央银行发行的货币，即 M_1 或 M_2。该思想是根据 Keynes 的《通论》，从流动性偏好与货币需求的角度出发，进而与货币供应量产生对应关系。主要研究热点是“流动性过剩”，代表性的研究如 Antiroll（2002)、巴曙松 (2007)、易宪容和王国刚（2010)、李斌（2010)、李洁和张天顶（2010）等从货币发行的角度研究央行发行过量的货币以及公司和金融机构由此持有过量的流动性资产的现象，这属于宏观金融的范畴。

2. 证券市场的流动性

证券市场的流动性，即证券市场具备的使资产迅速变现的能力，或是金融资产在不改变（或稍微改变）当前价格的前提下，以较低的成本迅速完成大量交易的能力。证券市场流动性概念源自 Demestz（1968）的《交易成本》，Demestz 分析了买卖价差在资产价格形成过程中产生的原因（这种分析是从动态角度进行的），Demestz 认为买卖价差实际上是在有组织的市场中，为交易的即时性所支付的成本，并提出了基于买卖价差和交易即时性的流动性概念。Demestz 的流动性概念开创了定量分析流动性的新局面，并且其概念始终是关于流动性的最重要的内容，后来的研究发展了许多流动性指标并拓宽了流动性的外延。Black（1971）认为在一个流动性好的市场中，“对想要立即买进或卖出少量股票的报价是永远存在的，并且买卖报价的价差可以维持在一个较小的价差范围内；如果没有特殊信息出现投资者可以预期其能够在当前的市场价格下、在较长的时期内买卖大量股票；投资者也可以在短时间内买卖大量股票，但它必须是在当前的价格上加上溢价或折让，溢价或折让的幅度取决于买卖的股数，买卖的股数越大，溢价或折价就越大”。Harris（1990）认为流动性良好的市场需要具备“及时性，可以忽略的宽度和高度的灵活性”，流动性应该从四个方面讨论：首先，投资者通常都是急于完成交易的，这需要提供交易的时效性（即即时性）；其次，买卖价差是最明显的交易成本，买卖股票者比较愿意买卖价差（即宽度）小的股票；再次，是关于深度的，也就是可能的交易量（在不改变价格的情况下）；最后，是关于市场的弹性的，是指由于买卖股票（在大的非信息驱动下）引致的均衡价格偏离后，从市场偏离状态回到均衡状态的快慢程度。如果一个市场的交易成本较低，能够提供较大量的交易并对价格的影响又较小，这样的市场通常被认为是一个流动性较好的市场。

上述文献是对流动性如何度量的研究，还有一个代表性的研究方向是关于“流动性溢价”的，即研究资产获得的某种溢价，这种溢价是金融市场的强流动性带来的。这类文献也比较多，代表性的研究有 Amihud and Mendelson（1986，1991）、苏冬蔚、麦元勋（2004）等。

3. 公司或金融机构的流动性

公司或金融机构的流动性，一般是指公司或金融机构的流动性资产，其实就是狭义上讲的公司或金融机构持有的现金及其等价物。Jean Tirole（2002）在《金融危机、流动性与国际货币体系》中认为“公司或金融机构通常会持有其他高能公司或金融机构的证券，以满足对流动性的需求，因为可以在需要流动性资产时立即出售这些证券”。Meyer and Kuh 于 1957 年提出了流动性约束假说，也就是由于资本市场的不完善，使得公司的投资支出受到内部财务状况的约束，使公司投资依赖于公司的利润水平或预期利润水平。

4. 金融资产的流动性

金融资产的流动性主要是指金融资产的变现能力，体现为在交易过程中，股票等金融资产以合理的成本，并在不造成价格大幅变动的情况下，迅速变现的能力。这方面代表性的研究是 Jacoby、Fowler and Gottesman（2000），以及 Acharya and Pederast（2005）在资本资产定价模型（LCAPM）的框架内提出的流动性概念，主要是指资产的流动性和流动性风险对资产定价的重要影响。

还有一个重要的研究分支就是资产的流动性价值，指的是在资产价格中体现出的流动性价值以及资产价格因受到流动性变动的影响而产生的变动。这类研究大都是通过对比分析，研究同一资产不同流动性情况下的价格差异，这类文献很多，代表性的有：Longstaff（1995a，1995b，2001，2005），Merton（1969，1971），Jose Scheming and Wei Fluxion（2003），刘力、王汀汀（2003），吴晓求（2004），廖士光（2007），张丹（2010）等对股票流动性价值进行的研究；以及 Trout（1977）与 Brick Ley and Isocheimal（1985），梁朝晖、张维（2005），汪昌云、王大啸（2006）等对封闭式基金的流动性价值进行的研究。

另外，关于“流动性风险”的课题也比较常见，这类课题主要研究金融机构（主要包括证券、银行、保险、基金）在不影响日常运作及财务状况下，无法有效满足预期到的和未预期到的、现在的和未来的现金流量需求的情况，代表性的有：巴曙松（2011）等；或者研究由于流动性风险的存在，资产定价模型的溢价问题，代表性的有：Acharya and Pederast（2002），邹小芃、黄峰和杨朝军（2009）等。

1.2.3 开放式基金的流动性

开放式基金的流动性既具有金融资产的流动性的特点（因为开放式基金本身是一种金融资产），又具有公司或机构流动性的特点（因为开放式基金的运作类似于公司或金融机构的运作）。

开放式基金作为一种金融资产，其流动性可以理解为开放式基金的变现能力。一只开放式基金可以看做一个公司或一个金融机构，其流动性就是开放式基金所持有的流动性资产，这正是本书的研究对象。

1.3　研究思路和方法

本书的基本研究思路为：根据开放式基金流动性的特点，分析开放式基金流动性所具有的期权特性，并在此基础上分析开放式基金流动性的投资机会集。结合开放式基金流动性所具有的期权性质和开放式基金流动性的投资机会集定量研究开放式基金流动性所具有的投资期权的价值，计算出流动性投资期权价值的结果并揭示其理论和现实意义。

在本书的研究分析过程中，采用的研究方法主要有：

1. 比较分析

通过对公司流动性定价、封闭式基金流动性定价、股票流动性定价的相关研究成果的学习研究，找出对流动性定价进行研究的文献的共同点，作为对开放式基金流动性定价研究的参考。对比实物期权定价理论和开放式基金流动性的特点，找出适合开放式基金流动性特点的实物期权定价模型。

2. 实证分析

通过实证分析来验证理论是否可行，找出理论的不足之处，并在此基础上进一步加以完善。本书在理论分析的基础上，结合中国证券市场的可获得数据，对流动性的投资机会集及投资机会集的价值进行实证研究，并以此为基础，分析开放式基金流动性的价值。

1.4 创新之处

本书的研究中，可能的创新之处：

第一，结合企业投资机会集的概念和巴菲特及格雷厄姆定义的投资机会，提出了开放式基金流动性的投资机会集的概念。并根据一般价值评估的理论，评估了开放式基金流动性投资机会集的价值。

第二，结合开放式基金流动性的特点，分析流动性的价值，结合实物期权的理论，认为开放式基金流动性具有交换期权的特征，并以交换期权为基本模型，对开放式基金的流动性价值进行模型推导和实际检验。

第三，理论研究的目的是为了更好地指导实践，在分析开放式基金流动性价值的基础上，实证检验影响开放式基金流动性价值的因素，以期能够为基金管理者管理流动性提供一种管理手段。

1.5 主要内容和结构安排

本书共分七章，主要内容及基本的结构安排如下：

第一章是绪论。简要说明选题背景、研究主题、研究思路和所采用的分析方法，阐述本书可能的创新点，介绍本书的主要内容和研究框架。

第二章是文献综述。对公司流动性定价、股票流动性定价、封闭式基金流动性定价等有关流动性定价的相关文献进行梳理，以期对开放式基金流动性价值的确定有所借鉴。

第三章是开放式基金流动性价值的理论分析。分析了开放式基金流动性的特点和影响开放式基金流动性的因素，开放式基金持有流动性的动机和流动性价值，并介绍了有关期权定价的相关理论。

第四章是开放式基金流动性的投资机会集。分析了开放式基金的投资对象，界定了开放式基金的流动性，结合企业投资机会集的概念和巴菲特等投资机会的概念，提出开放式基金的投资机会和投资机会集的概念，并分析开放式基金的投资机会价值和投资机会集价值。

第五章是开放式基金流动性价值的研究。结合第三章和第四章的分析，建立开放式基金流动性价值的定价模型，并对相关参数进行分析。结合市场情况实证分析开放式基金的流动性价值。

第六章是分析开放式基金流动性价值的影响因素。通过建立面板数据的实证模型，实证分析流动性价值的影响因素。

第七章是结论与研究展望。

主要思路和框架如下：

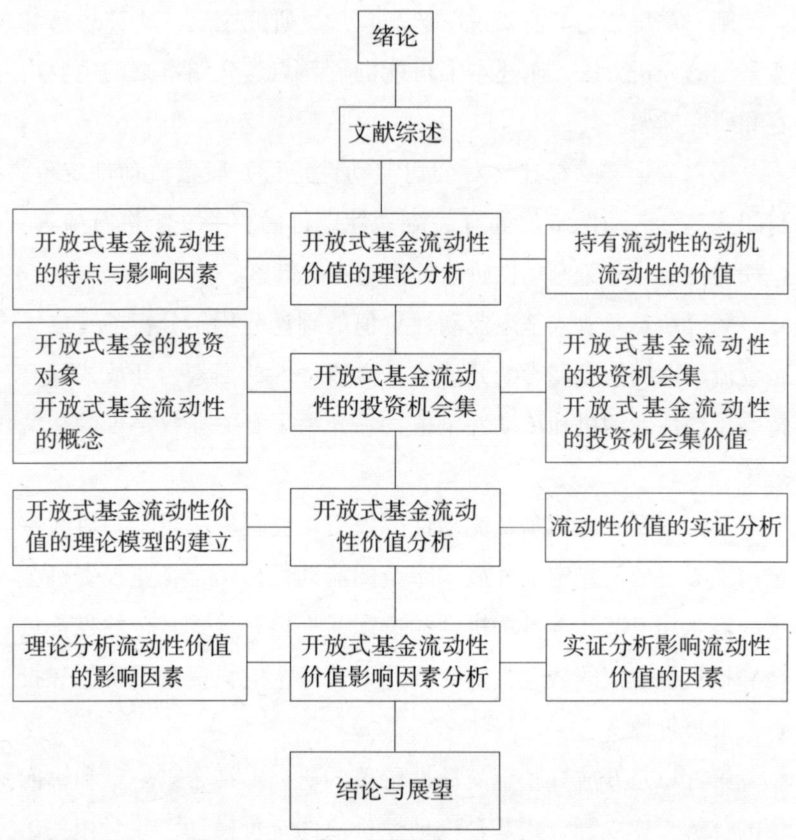
绪论
文献综述
开放式基金流动性的特点与影响因素
开放式基金流动性价值的理论分析
持有流动性的动机
流动性的价值
开放式基金的投资对象
开放式基金流动性的概念
开放式基金流动性的投资机会集
开放式基金流动性的投资机会集
开放式基金流动性的投资机会集价值
开放式基金流动性价值的理论模型的建立
开放式基金流动性价值分析
流动性价值的实证分析
理论分析流动性价值的影响因素
开放式基金流动性价值影响因素分析
实证分析影响流动性价值的因素
结论与展望

2 文献综述

本书的研究对象是开放式基金的流动性定价，但由于没有检索到这类文献，所以这部分内容只是综述了公司、股票、封闭式基金的流动性定价问题，以期对开放式基金流动性定价有所启示。

2.1 公司流动性定价综述

对流动性进行定价，先要回答几个基本问题：公司为什么持有流动性？持有流动性的动机和作用是什么？流动性有没有价值？有大量文献对此进行了探讨。

2.1.1 公司持有流动性的动机

最早对持有流动性动机进行研究的是 Keynes（1936），他提出了流动性偏好（liquidity preference）理论，认为人们持有流动性的动机包括交易动机、预防动机、投机动机。另外，Keynes 给出了持有流动性动机的基本架构，同时，也指出了持有流动性的价值。对公司来说，持有流动性，不但可以节省交易费用（因筹集资金或清算资产而产生的)，而且可以防范现金流短缺的风险，因此，流动性是公司正常经营的基本保障。

外部筹资，无论是股权融资或是债权融资，都会带来筹资成本。外部筹资可能由于信息不对称、交易成本、税收等因素的影响，给公司带来由于承销、发行而产生的筹资费用和法律费用等直接成本；还有可能因代理冲突、信息不对称和逆向选择等问题给公司带来潜在风险；另外，外部筹资还可能给公司带来灰色支出、机会成本等间接成本。因此，持有一定规模的流动性成为上市公司的一种理性行为，以备不时之需，满足公司未来的投资需要(Smith，1977；Mikkelsonetal，2003)。不难看出，Smith（1977），Michelsonetal（2003）研究的是持有流动性的投资动机，也就是公司持有流动性是为抓住未来的投资机会做准备的。

但是，Harford（1999）和Pinkowitz（2001）的研究发现，公司即使没有好的投资机会，也会持有大量现金。Harford（1999）和Pinkowitz（2001）认为公司持有现金的目的有以下两个方面：一是为公司多样化的投资和并购活动准备充足的现金；二是当其他公司有意接管公司时，管理层具有通过发放现金股利等方式增加公司价值的不确定性进而增强公司反接管能力的选择权。可以看出，他们认为公司持有现金的动机是投资动机和预防动机。

Opler，Pinkowitz and Williamson（1999）研究了持有流动性的交易动机（公司需要现金来保持正常营运，不同类型的公司，其现金交易的需求量也可能不同）和预防性动机（持有现金是为了预防不确定的或有债权和未预期到的开支）。持有流动性的交易动机是为了减少由于现金短缺而引起的成本；预防性动机主要考虑由于信息不对称对公司融资能力产生的影响。

Damodaran（2005）对 Keynes（1936）的理论做了进一步的发展，将公司持有流动性的动机归纳为五个：投资动机、交易动机、预防动机、战略持有动机（公司把现金作为一种战略武器，用来抓住未来可能出现的机会）、管理层流动性持有动机（上市公司由于所有权和管理权的分离，现金虽然属于股东财产，但现金管理的权利，以及决定是否将现金以股息或股票回购的形式发回给股东，或继续留在公司由管理层自己控制的权利，却是属于管理层的）。

综上所述，对公司持有流动性动机的研究，基本上是围绕着 Keynes 的流动性偏好学说展开的。公司有动机持有流动性，说明持有流动性是能为公司带来价值的，也就是说，流动性本身具有价值，但是，该如何衡量流动性的价值呢？学者们在公司流动性的定价方面做了一些研究。

2.1.2 公司流动性的定价研究

目前，对公司流动性定价的研究尚处在起步阶段，相关文献比较少，现有的关于公司流动性的文献大都集中于现金最优持有量（流动性水平）的研究，对流动性价值进行直接量化（即流动性定价）的文献还比较少，仅有少数几位学者在这方面进行了开拓性的研究。按定价方法不同，大致可分为传统的定价方法和期权定价方法，其中传统的定价方法又包括财务分析法和计量分析方法。

2.1.2.1 传统的定价方法

1. 财务分析法

财务分析法主要是利用贴现现金流评估模型（DCF）。可用两种方法计算公司流动性的价值（Damodaran，2005）：一是整合评估法，即将流动性作为公司营运资产的一部分，整体评估公司（或股本）的价值；二是隔离估计法，分别评估营运资产和流动性的价值。

2. 计量分析方法

随着计量经济学理论的发展，学者们开始使用计量分析方法研究公司流动性的定价问题。Pinkowitz，Stulz and Williamson（2003）采用 Fama and French（1998）的实证方法，对多个国家的公司现金持有问题进行了研究，同时，尝试研究了公司流动性的定价问题。Pinkowitz and Williamson（2004）运用相似的方法估计了美国公司的流动性价值，结论是股东对 1 美元现金所要求的平均边际价值是 0.94 ~ 0.97 美元。Faulkender and Wang（2006）结合 Fama and French（1993）的三因子模型，用检验超额股本回报的方法，对公司的流动性定价进行实证研究，结果发现：所有公司 1 美元现金的平均边际价值是 0.94 美元。

综上所述，计量分析方法是用大样本，对不同公司的历史数据进行回归，其本身的解释力有限。另外，计量分析方法是以清晰固定的决策形成过程为前提假设的，这样虽然为研究带来一定的便利性，但只考虑了有形的利润和成本，忽视了现金所特有的灵活性（flexibility）价值。财务分析法是以传统的现金流折现模型为基础的，这种方法能有效评估确定性的价值，但如果将其用于评估流动性价值，可能只具有参考意义，因为流动性的未来收益充满不确定性。

2.1.2.2 公司流动性的实物期权定价

1. 公司流动性的实物期权特征

对于流动性的期权特征，有很多学者进行了研究。Scholes（2000）认为流动性给持有者一种期权，在必要时有权转换为现金；Washam and Davis（1998）认为公司持有流动性，使其能够抓住有利可图但时效要求高的未来投资机会；Boyle and Guthrie（2003）认为，公司是否拥有充足的流动性，会影响到公司能否在最佳的投资时机进行投资以及投资所能带来的价值，流动性和投资机会是一种动态关系，他们引入一个简单的财务约束，在McDonald and Lieges（1986）实物期权的框架下，研究投资时机选择受流动性约束的影响情况。

国内学者对流动性期权特征的研究比较少，检索到的文献有：郑凌云（2007）认为流动性本质上是为公司提供一种灵活性，这种灵活性又可以分为两类：一类是投资型灵活性，一类是保险型灵活性。然后，分析灵活性与期权的等价关系，并将流动性与期权联系起来，认为流动性期权可分为两种：一种是流动性投资期权，一种是流动性保险期权。公司愿意付出一定代价来持有或消费流动性，是因为流动性作为一种特殊商品，其本身具有某种特殊价值。这种特殊价值就是在不确定条件下的灵活性的价值，如果公司持有流动性，就可以灵活地应对未来投资和偿债需求，从而为公司带来一定的价值。这种灵活性是流动性的本质特征，并且具有明显的期权特征，并且流动性的价值包括投资期权价值和保险期权价值。廖俭（2011）运用代理成本和机会成本的理论，揭示了公司流动性具有的复合实物期权特征。

2. 公司流动性的实物期权定价研究现状

目前，对于公司流动性的期权定价进行研究的文献还很少。根据检索情况，国外直接相关文献只有两篇：Washam and Davis（1998）和 Cossin and Hicko（2004）。Washam and Davis（1998）进行了开创性的尝试，使用缺口期权（gap option）定价模型为流动性的期权价值进行了简单的定价。但是，模型只关注了流动性的静态值，没有考虑由于不确定性而带来的投资价值和投资成本的变化，也没有考虑外部融资约束问题。Cossin and Hicko（2004）使用的是传统的 B－S 期权定价模型，但 B－S 模型严格的假设条件使其在实践中受到较大的限制。上述文献只是对流动性定价模型的初步探讨，还没有基于这些模型的数值分析，更没有采用这些模型的实证分析。

国内相关文献最重要的有三篇：一篇是郑凌云（2007）开创性地讨论了公司流动性期权定价方法；一篇是廖俭（2011）在郑凌云定价模型的基础上，通过分析公司流动性所具有的复合期权特征，使用复合期权模型为公司流动性进行的期权定价研究；还有一篇是曾林阳（2009）对一类特殊公司——商业银行的流动性期权定价。郑凌云（2007）通过挖掘公司流动资金的灵活性价值，使用交换期权定价模型，根据公司流动性的流动性投资期权特性和流动性保险期权特性，建立流动性的投资期权定价模型和保险期权定价模型，然后将二者联系起来，建立了公司流动性的期权定价模型，并进行了数值模拟和实证分析。廖俭（2011）引入代理成本和机会成本，揭示了公司流动性投资期权的复合实物期权性质，建立了新的简便的流动性保险期权定价模型，并进行了数值模拟和实证分析。廖俭提出了流动性投资期权的复合实物期权特征，为流动性投资期权定价打开了新视野；他还通过改进破产成本的期权估计模型，提出了一个简单的公司流动性保险期权定价的基本模型；推导了跳跃扩散定价模型，并将其引入到流动性投资期权定价模型中；对包含各种策略的流动性投资期权的定价方法进行了推导和讨论。曾林阳（2009）研究了一类特殊的公司——商业银行的流动性定价问题，他结合郑凌云（2007）的观点和模型，将商业银行流动性期权定价模型分为流动性保险期权定价模型和流动性投资期权定价模型，也使用交换期权定价模型建立商业银行流动性保险期权定价模型、商业银行流动性投资期权定价模型，用不同于郑凌云的方法将二者联系起来，建立了商业银行的流动性期权定价模型，然后以深圳发展银行为例，对商业银行流动性期权定价进行了实证分析。他除了简化郑凌云的模型外，其研究的主要成果是将公司流动性期权定价原理引入到具体的行业和公司中，首次打开了公司的“黑箱”，以生动的数据让我们看到了具体的公司案例——深圳发展银行的流动性期权价值。

由于公司流动性期权定价研究尚属于新兴前沿领域，上述三位国内学者的开拓性研究，对公司流动性投资期权的挖掘还不充分，没有对流动性的投资机会集进行研究，也没有对投资机会的状态进行研究，但这恰好为本书的深入研究预留了足够的空间。

2.2 股票流动性定价研究综述

2.2.1 股票流动性价值的含义和测度

根据流动性的内涵，作为资产的股票，其流动性可以理解为股票和现金的转换能力。在交易过程中，股票的流动性，体现为在不导致价格大幅变化的情况下，以合理的成本迅速变现的能力。越来越多的实证研究发现，股票价格受到流动性因素的重要影响，这表明流动性对于股票资产来说是有价值的。由于流动性价值的存在，忽略了流动性因素的定价理论和估值理论均不能正确解释实际市场中发生的现象。

股票的流动性价值就是股票价格中体现的流动性因素，以及流动性因素的变动对股票价格产生的影响。国外学者简单定义股票流动性价值为相同的股票资产，由于流动性的差异而产生的价格差异，并以此为基础，做了大量的实证检验。主要研究了同一家上市公司所发行股票的价格差异，这种差异发生在受限期内只能够私下交易的限售股票与公开集中交易的股票之间；比较同一公司在股票 IPO 之前和之后的股票价格差异；股票首次上市前的私下交易价格与首次公开上市发行价格差异；同一家上市公司的股票，虽然收益权利相同，但因双重上市或跨国上市而导致的资产流动性出现的差异等。这些因流动性的不同而产生的股票价格的差异可以看做流动性的价值。

对股票流动性价值的研究，国内学者刘力、王汀汀（2003）提出了“二元股权结构下的流通权价值”概念，并试图用流通权价值来解释和分析中国证券市场上的一些问题和现象。廖士光（2007）辨析了证券的流通性与流动性，首次提出了流动性价值的概念，流动性价值就是证券产品因变现成本和变现速度（两者合称变现能力）的差异而导致的价格差异。按照有无量纲，廖士光将流动性价值分成绝对价值和相对价值。承继上述研究，杨朝军、廖士光（2007）提出了流动性增值的概念，即通过创造和增强资产流动性可以提高资产价值，从而实现资产的“流动性增值”。经济金融化、金融证券化的最直接结果是经济运行体系中的资产流动性不断被创造和增强，流动性的提升增加了金融资产的投资价值。

2.2.2　股票流动性定价的理论模型

从理论的角度看，学者们大都采用不同的方法，粗略测算流通受限或流动性不足股票的理论价格与实际价格之间的差异——流动性价值折扣，并据此估算流动性的价值。其中，具有代表性的是 Longstaff 在这一领域的系列研究。

Longstaff（1995a）用非流动性的机会成本作为对流动性选择权价值的一种度量，得出了流通受限股票的流动性折价的上限。其思路为：非流动性的机会成本 $M_T - V_T$ 类似于一个回望卖出期权的损益，通过计算该期权的价值 $D(V, T)$（$M_T - V_T$ 的现值），可以得出流通受限股票的流动性折价的上限值。用风险中性估值技术可得到：

$$
\begin{aligned}
D(V,T) &= e^{-rT}E(M_T) - e^{-rT}E(V_T) \\
&= V\left(2 + \frac{\sigma^2 T}{2}\right)N\left(\frac{\sqrt{\sigma^2 T}}{2}\right) + V\sqrt{\frac{\sigma^2 T}{2\pi}}\exp\left(-\frac{\sigma^2 T}{8}\right) - V
\end{aligned}
$$

其中，V 是证券现价，T 是到期时间，σ 是此期间自由流通股票的价格波动，N（.）是累积正态分布函数。

Longstaff（1995b）继续完善流通受限股票的流动性折价模型，并以此为基础，构建了由于交易延迟情形而导致的流动性不足的股票的折价模型。将固定且较长的交易受限期间划分为 N 等份，从而将研究样本从流通受限股票扩展到弱流动性情形的自由流通股票。在模型中，由于投资者只能在离散时点交易，因这种交易限制所遭受的最大可能损失，即流动性成本的上限 $D_{\max} = \max_I(e^{rT}\max_\tau(V_\tau e^{-r\tau} - V_N e^{-rN}))$ 相当于一个回望卖出期权的损益，通过构造一个回望期权计算最大流动性折扣值。用风险中性估值技术，得出投资者只能在离散的时间点交易的流动性不足股票的折价上限值 $Q(V, T, L)$：

$$
Q(V,T,L) = (V + D(V,T))I\int_0^\infty vF^{I-1}(v)f(v)\,dv
$$

其中，$F(v) = N\left(\frac{v - \sigma^2 L/2}{\sqrt{\sigma^2 L}}\right) - \exp(v)N\left(\frac{-v - \sigma^2 L/2}{\sqrt{\sigma^2 L}}\right)$，

$$
f(v) = \frac{2}{\sqrt{2\pi\sigma^2 L}}\exp(v)\exp\left(\frac{-(v + \sigma^2 L/2)^2}{\sigma^2 L}\right) -
$$

$$\exp(v)N\left(\frac{-v-\sigma^2L/2}{\sqrt{\sigma^2L}}\right)$$

$I=T/L$ 是观测区间中离散时点的数量，L 是可交易的离散时间点间隔的长度，T 是观测区间，N 是 L 的整数倍。由于流动性的限制，投资者只能在 t 时点后的 N 时点出售股票：V、σ、$D(V, T)$ 的具体含义同上。

Longstaff（1995a，1995b）的研究是针对某一类具体的限售股票，通过考察流动性不足对股权价值的减值影响来为流通性估值。还有一些文献是在资产组合选择的框架内考察一般证券的流动性不足问题。

Merton（1969，1971）在研究连续情况下的最优投资组合时，发现投资者在其生命周期内，势必要调整其所持资产的头寸，这种调整是随着证券价格的相对变化和财富的积累而进行的，目的是最大化整个生命期的期望效用水平。但是，如果资产的交易受到限制，投资者便无法最大化其整个生命期的期望效用水平，引致的成本或者损失使资产价格小于资产具备充分流动性时的价值。

Longstaff（2001）对投资者受到流动性约束时的最优投资组合选择问题进行了研究，并评估了流动性不足证券的价值，发现流动性不足证券的折价现象是持续存在的，非流动性证券的折价水平最高可达90%（相对于流动性证券）。

Kahl，Liu and Longstaff（2003）在 Merton 的框架内对流通受限股票的价值进行了深入的理论分析，认为流动性约束引致的成本可通过比较约束条件下的引致效用和无约束情形中的引致效用得到。研究发现，股票的受限时间越长，流通受限股票的价值就越低，也就是流动性价值的折扣越大。

Longstaff（2005）考察了流动性对资产定价的影响，这种研究是通过构建经济人模型来进行的，经济人同时持有流动性资产与流动性不足资产。研究发现：资产价格受流动性不足所引致的最优组合变化的重要影响，流动性价值是资产均衡价格中相当大的一个组成部分。对于具有相同现金流结构的两类资产而言，流动性资产的价格相当于流动性不足资产价格的125%；增强资产流动性后，资产的预期收益与波动率都会有显著的变化。

2.2.3 股票流动性价值实证研究

现实资本市场中的许多现象都表明流动性是有价值的。但是，流动性的价值由于种种原因难以直接量化。虽然人们从不同角度用多种定量研究方法考察流动性对投资者的价值，但至今没有形成标准、一致的结论。

国内外学者对股票流动性价值的研究，大体可分为以下七个方向：①基于限售股票的流动性价值研究；②基于 IPO 股票的流动性价值研究；③基于多重上市股票的流动性价值研究；④基于交易场所转移股票的流动性价值研究；⑤基于股指期货成分股的流动性增值研究；⑥基于非流通股票的流动性价值研究；⑦基于大宗交易股票的流动性价值研究。国内外对股票流动性价值的实证研究有很多，选取其中有代表性的研究，总结见表 2－1：

表 2-1 国内外学者对股票流动性价值的实证研究

	研究者	样本期间	样本数	平均流动性价值水平
基于限售股票的研究	美国 SEC（1971）	1966.01—1969.06	398	25.8%
	Bellman（1972）	1968.01—1970.12	89	33.0%
	Trout（1977）	1968.01—1972.12	60	33.5%
	SRC（1983）	1978.10—1982.06	28	45.0%
	Johnson（1999）	1991.01—1995.12	70	20%
基于 IPO 的研究	Emory（1997） WMA（1996）	1980—1997	361	42.5%
	Pratt（2001）	1980—2000	363	47%
	Pearson（2000）			32.45%～65.84%
	Emory（2002）			随交易时间长短而不同，从30%～55%变化
	Benzyl（2003）	1999—2002		与交易时间间隔呈正向关系
基于多重上市的研究	Hiatal（1989）	芬兰股票市场		2.3%～63%
	Chanand Leeand-Dui（2001）	中国股市 A 股和 B 股		B 不存在 B 股折价，而是 A 股溢价
	廖士光（2007）	中国股市 A 股和 B 股		2001 年前为 80% 左右，2001 年后 45%～50%

(续上表)

	研究者	样本期间	样本数	平均流动性价值水平
基于交易场所转移的研究	Sangerand McCon - nell (1986)	1966—1977	329	当交易场所由场外转移到场内时，股票价格显著提升
基于股指期货成分股的研究	Camo Dagan (1990)	SandP500 成分股		股指期货成分股有流动性增值现象
基于非流通股的研究	陈志武、熊鹏 (2001)	2000. 08—2001. 07	2 577 法人股拍卖，242 法人股协议转让	拍卖的是 22%，协议转让的是 14%
	严绍兵 (2005a)	1997. 04—2003. 12	435 国有股权转让	76. 51%
	严绍兵 (2005a)	1997. 04—2003. 12	法人股权转让	81. 43%
	王旻、杨朝军、廖士光 (2007)	股权分置改革前后非流通股及限售股转让		股改前 66%，股改后 56%
基于大宗交易的研究	徐辉、廖士光 (2007)	2003—2005 沪深大宗交易		1. 27%

资料来源：根据相关文献总结。

综上所述，现有的文献大都是通过对比分析，将流动性价值界定为一种价格差异，这种价格差异是由同一证券资产不同流动性而引致，然后用相对价格差额的比例来测度股票流动性价值的水平。但是，股票的流动性价值应该普遍存在于任何股票资产，并非仅仅局限于有流动性差异的股票，所以，应尝试构建直接的定量分析方法，来考察作为资产交易价格的重要组成部分之一的流动性价值。国内学者张丹（2010）在这方面做出了开创性的研究，张丹基于期权思想，通过分析股票流动性价值的来源和总结期权的属性，解释了股票流动性价值的含义：股票资产的流动属性为其持有者带来一种交易便利，这种交易便利赋予持有者一种不确定性条件下、未来时间的选择权，使其能够相机抉择出售资产以把握潜在的获利时机，并且具有出售资产的权利而没有出售的义务。这种因流动性而提供给资产持有者的、能够产生预期收益的选择权，具有相应的价值，可称之为流动性价值。在此基础上，张丹借鉴期权定价的原理与方法，构建了股票市场流动性价值定量测度模型，并对中国股票市场的流动性价值进行了实证研究。

2.3 封闭式基金流动性定价研究综述

研究开放式基金流动性的文献可谓汗牛充栋，但对开放式基金流动性价值的研究却凤毛麟角，目前检索到的对基金流动性定价研究的文献多为对封闭式基金折价现象的研究。本书的研究对象主要是开放式基金的流动性定价，定价方面的文献对本书的启发可能会大些，因此，这部分主要总结了与封闭式基金折价相关的文献。本书对这些研究进行了梳理，以期能为本书的研究提供一些思路借鉴。

2.3.1 封闭式基金折价现象研究综述

封闭式投资基金的折价现象吸引了无数学者对其进行不断的研究，但是到目前为止，它仍然是金融领域的一个难解之谜。目前，对封闭式基金折价现象的原因解释主要有理性解释和投资者情绪假说。理性解释认为由于代理成本、交易成本、未实现资本利得的递延税、基金所持资产的不完全流动性、汇率波动以及全球市场分割性等因素，导致市场的摩擦，并进而导致折价现象；投资者情绪假说则认为基金折价的主要原因是投资者的情绪。

2.3.1.1 理性解释

1. 资本利得税

资本利得税观点认为，如果基金含大量未实现的资本利得，未实现的资本利得需承担潜在的资本利得税，但这些资本利得税并没有在基金净值中得到反映。因而，未实现的资本利得税使基金净值被人为高估，从而造成基金折价。然而，Malkiel（1977）的研究发现，资本利得税的观点最多只能解释 6% 的基金折价，而最近几年美国国内股票型基金的平均折价却高达 10%。

既然未实现的资本利得税使基金净值被高估，那么当一只封闭式基金从封闭式转为开放式时，基金资产净值应下降到等于该基金的价格，从而使折价现象消失。但 Brauer（1984）的研究却发现，在基金由封闭式转为开放式时，不是基金单位净值下降到等于基金的价格，却是基金价格上升到等于基金单位净值。综上所述，资本利得税的观点并不能完全解释基金的折价现象，随后，人们试图从流动性的观点解释基金的折价现象。

2. 流动性

流动性的观点认为，流动性较差的股票的市场价格不易确定，价值可能被高估，如果基金投资于这些股票，当用这些股票的市场价格来计算基金的资产净值时，就有可能夸大基金的实际净值。因此，含有流动性较差股票的基金，其价格相对于净值会有一定程度的折扣；而且基金投资于流动性较差的股票数量越多，基金的价格折扣就越大（Malkiel，1977；Lee，Shleifer and Thaler，1991b）。但 Lee，Shleifer and Thaler 经实证研究发现，绝大多数基金并不怎么投资流动性较差的股票，但它们的价格仍低于其单位净值。因此，由于投资流动性差的股票而导致价格折扣这一观点并不能很好地解释基金的折价现象。

既然从资本利得税和流动性的角度都不能很好地解释基金的折价现象，一些学者试图从其他角度解释基金折价。有些学者考虑到代理成本理论，认为如果基金的管理费用过高，或者基金未来的管理业绩低于市场平均水平，则基金的价格应当低于其单位净值（Boudreaux，1973）。

3. 管理费用

Ammer（1990）考察了英国基金，认为管理费用过高能解释相当一部分基金的折价。Kumar and Noronha（1992）实证检验了管理费用与基金折价的关系，发现管理费用和基金折价之间有显著关系。但是，Lee，Shleifer and Thaler（1991a）的研究却表明，折价与管理费用之间不存在相关性。Ross（2002）用无套利原理和有效市场理论，建立基于管理费用的基金折价模型，较好地解释了基金的折价现象及其动态特征。

4. 管理业绩

管理效能观认为，基金经理的管理能力作为一种资产，如果投资者认为其值小于该基金的管理成本，或者投资者预期基金的未来表现将是低于市场平均水平的，基金的价格将低于其单位净值。Chay and Trzcinka（1999）发现基金折价与基金未来两年的收益，特别是未来第一年的收益之间存在显著的负相关关系，与基金净值过去的收益存在负的但不显著的关系。然而，Malkiel（1977）使用过去或当前的基金业绩作为预测未来管理效能的替代变量，发现基金的价格折扣和基金管理效能之间的相关性不显著。Thompson（1978）发现，在很长一段时间，许多基金的价格低于其单位资产净值，但这些基金的收益却是大于市场回报的，这显然与管理效能的观点不符。另外，根据管理效能的观点，折价越大的基金，其未来的业绩应该越差，但 Lee，Shleifer and Thaler（1990）研究发现，折价较大的基金，其业绩反而超过折价较小的基金。

5. 纳税时机

Briekley，Manaster and Sehallheim（1991）试图从纳税时机的角度解释基金的折价现象。他们认为，如果投资者直接投资于基金的投资组合的资产，可以采取有利的税收交易机会，这种有利的交易机会是由于资产价格波动带来的；如果投资者投资基金而不是基金资产组合中的资产，则会失去这些交易机会，从而导致基金折价；基金的投资组合中的资产回报的波动性越大，投资者持有基金失去的价值可能就越大，那么，该基金的价格折扣就越大。Kim（1994）根据 Merton（1973）的期权定价理论构建了一个基金折价模型，验证了上述理论。但是，Hardouvelis and Wizman（1994）的研究发现，约有 90% 的投资者基于长期持有的目的而买卖股票，仅有 5% ~7% 的投资者为了少缴税而买卖股票；他们还认为，投资者在交易时会考虑税负的因素，但还不至于使投资者因减少税负而不断地调整其投资组合。

综上所述，封闭式基金的折价现象难以在有效市场理论的框架下得到有效解释。一些学者试图从新的视角解释基金折价现象，他们在行为金融的框架下，引入了有限理性模型，具有代表性的是 Lee，Shleifer and Thaler（1991a）提出的投资者情绪理论。

2.3.1.2　投资者情绪理论

投资情绪理论认为，基金价格与基金净值不一致的现象，反映了基金投资者与基金投资组合资产投资者的预期或者情绪的不同。Lee，Shleifer and Thaler（1991a）在噪声交易模型的基础上提出了关于基金折价现象的投资者情绪理论。他们认为，市场上存在理性投资者和噪声交易者（非理性投资者）两类投资者。理性的投资者，根据相关信息，可以形成对资产收益的合理预期；噪声交易者由于缺乏信息或不能理性地分析信息，而且噪声交易者的预期或情绪的波动很难预测，因此，预期的资本收益一般是随机的。由于噪声交易的投资者持有该基金的风险大于持有基金资产的风险，导致基金价格低于基金单位净值。他们以1965—1985年间美国国内股票型基金为样本，研究发现基金年折价变动幅度与投资者情绪的平均相关系数是0.39，证实了投资者情绪是基金折价的原因，与折价的变化是相互联系的。

在美国，基金和小公司的股票大多是由个人投资者持有或交易的，如果投资者情绪是基金折价的原因，那么投资者的情绪也应该影响小公司的股票价格。Lee，Shleifer and Thaler（1991a）发现基金折价与小公司股票收益之间确实存在相关性。Alna（1998）进一步用投资者情绪理论对基金折价和小公司股票收益之间的关系进行研究。结果发现，投资者情绪影响股票的当前价格和股票的未来收益；用基金折价可以相对于预测大公司股票收益更加准确地预测小公司股票收益，证实了基金折价与小公司股票收益之间具有相关性，支持了投资者情绪理论。

综上所述，投资者情绪理论和市场有效理论，都不能完全解释封闭式基金的折价现象。国内的一些学者试图从流动性的角度解释折价之谜，并对封闭式基金的流动性价值作了探索性研究。

2.3.2 封闭式基金流动性的价值研究

梁朝晖、张维（2005）针对中国资本市场上封闭式基金折价的现象，认为回望期权模型可以较为准确地估算基金的流动性折扣，即基金交易的流动性不足对其折价的解释能力。通过假设市场流动性完美和流动性不足，比较在这两种情况下投资者由于流动性引致的机会成本的大小，得出封闭式基金的流动性折扣，其实也就是因流动性不足而使封闭式基金丧失的价值。

$$Q(V,T,L) = (V + D(V,T)I)\int_0^{\infty} vF^{I-1}(v)f(v)\,dv$$

其中，

$$F(v) = N\left[\frac{v - \sigma^2 L/2}{\sqrt{\sigma^2 L}}\right] - \exp(v)\left[\frac{-v - \sigma^2 L/2}{\sqrt{\sigma^2 L}}\right]$$

$$f(v) = \frac{2}{\sqrt{2\pi\sigma^2 L}}\exp(v)\left[\frac{-(v + \sigma^2 L/2)}{2\sigma^2 L}\right] - \exp(v)N\left[\frac{-v - \sigma^2 L/2}{\sqrt{\sigma^2 L}}\right]$$

$$D(V,T) = V\left[2 + \frac{\sigma^2 T}{2}\right]N\left[\frac{\sqrt{\sigma^2 T}}{2}\right] + V\sqrt{\frac{\sigma^2 T}{2\pi}}\exp\left[-\frac{\sigma^2 T}{8}\right] - V$$

Q 为回望期权的价值，D 为因市场流动性不足使投资者遭受的流动性成本的上限，类似于一个回望看跌期权的损益，V 为资产的价格。

然后，他们用回望期权模型计算中国股票市场封闭式基金流动性折价幅度，所选择的数据是中国2003年的基金5分钟的交易数据，通过计算求得流动性折价为0.5%。但实际上，自2003年以来，中国封闭式基金的平均折价高达10%~20%。这说明，尽管中国封闭式基金二级市场缺乏足够的流动性，但封闭式基金折价的主要原因并不是流动性成本。他们认为，虽然中国证券市场封闭式基金折价的主要原因并不是基金交易本身的市场流动性不足，但用回望期权方法评估证券流动性折扣却是可行的，这种方法在像中国这样的新兴证券市场上具有重要的应用价值。

汪昌云、王大啸（2006）比较了封闭式基金与对等的开放式基金之间的价格差异，认为缺少赎回权是封闭式基金产生折价的主要原因。假定存在某一可随时赎回的开放式基金，该开放式基金的资产组合与封闭式基金的资产组合在任何时点都一样，开放式基金的价格（申购或赎回价）等于资产组合的净值，这样，封闭式基金折价就可以转化为封闭式基金相对于对等的开放式基金的价格折扣。他们通过比较封闭式基金与对等的开放式基金的价格差异（在投资者投资决策和最终定价层面），认为两者最显著的差异在于封闭式基金只能到期赎回（清算或者封转开），而开放式基金则可以随时赎回，即封闭式基金比开放式基金缺少了随时赎回权（简称赎回权）。由此，他们认为封闭式基金折价可能正是赎回权价值的体现。借鉴 Longstaff（1995）研究流通性（又称市场可交易性 marketability）时采用的回望式期权模型的思想，进一步假设存在一个封闭式基金投资者（该投资者具有完美择时能力）的条件下，推导出了赎回权的价值上限，进而得到封闭式基金隐含折价率的下限。赎回权价值的上限为：

$$
\begin{aligned}
D_t &= D(V_t, t, T) = e^{-rt(T-t)} E_t^Q(M_T) - e^{-rt(T-t)} E_t^Q(V_T) \\
&= V_t \{ 2 + [\sigma_t^2 (T-t)]/2N[\sqrt{\sigma_t^2 (T-t)/2}] + \\
&\quad [\sqrt{\sigma_1^2 (T-t)/2\pi} \exp\{-\sigma_t^2 (T-t)\}]/8 - 1\}
\end{aligned}
$$

隐含折价率的下限为：

$$d_t = 1 - \{2 + [\sigma_t^2(T-t)]/2N[(\sqrt{\sigma_t^2(T-t)})/2] + [\sqrt{\sigma_1^2(T-t)/2\pi}\exp\{-\sigma_t^2(T-t)\}]/8\}$$

然后，他们利用和讯网2006年6月26日计算的54只基金的折价率排行数据计算实际折价率。结果表明，按照15%、20%标准差计算的隐含折价率序列与实际折价率序列之间的相关系数分别达到0.967和0.964，这在一定程度上说明了封闭式基金折价主要是由赎回权导致的。

2.4　小结

本章是全书的文献综述，由于没有检索到开放式基金流动性定价的文献，本章综述了有关公司流动性定价、股票流动性定价和封闭式基金的流动性定价的主要文献。对公司的流动性定价，从传统的现金流折现模型到计量方法再到期权定价方法，越来越触及公司流动性的本质。开放式基金作为金融机构，其持有的流动性作用类似公司持有的流动性，两者不同之处在于，开放式基金的投资对象是资本市场，公司的投资对象是实体经济，但仍可以借鉴公司流动性定价的思路，结合开放式基金的特点，对开放式基金的流动性进行定价。

对于股票的流动性定价，很多文献是从统一权益的不同流动性角度展开研究的，主要研究流动性不同导致的权益价值的不同，从而对流动性进行定价。张丹（2010）通过分析股票流动性价值的来源和这种价值的期权属性，对股票的流动性价值进行了直接的定价研究，对本书的研究有一定的借鉴意义。

对封闭式基金的流动性定价研究，是从封闭式基金折价的角度展开的，主要有理性解释和投资者情绪假说。目前，也开始有文献用期权来为封闭式基金的流动性进行定价，这些研究对本书的研究都有一定的启发。

3　开放式基金流动性价值的理论分析

3.1　开放式基金流动性的特点与影响因素

3.1.1　开放式基金简介

开放式基金（Open - end fund）是一种投资者可按基金净值在基金管理人指定的营业场所申购或赎回的、发行额可变、基金份额总数可随时增减的基金。与封闭式基金（Close - end fund）相比，开放式基金具有发行数量没有限制、买卖价格以资产净值为基准、在柜台上买卖和风险相对较小等特点，特别适合于中小投资者进行投资。

相对于封闭式基金，开放式基金在激励约束机制、流动性、透明度和投资便利程度等方面都具有较大的优势，它们的区别如表3－1所示：

表3－1　封闭式基金和开放式基金的对比

项目	开放式基金	封闭式基金
发行总额	没有发行规模限制	设立时限定，在招募说明书中列明
基金份额	随时增减，管理者可追加发行，受投资者申购和赎回金额影响	在封闭期内不变，规模扩大需报主管机关审批或核准
期限	不固定，理论上可永续存在	有封闭期，一般为10～20年
交易价格	基金管理人依据单位资产净值确定	在二级市场上投资者竞价决定
投资策略	为保持基金资产的流动性，在投资组合上保留一部分现金和可随时兑现的金融产品或工具	基金可进行长期投资，基金资产的投资组合能有效地在预定计划内进行
单位净值	基本每个交易日连续公布	一般一周公布一次

正是由于以上区别，对投资者而言，同封闭式基金相比，开放式基金具有独特的优势，即允许投资者随时认购和赎回基金单位，可以满足资金的需求，调整投资期限，降低投资的机会成本。但由于开放式基金作为金融产品的高流动性的特点，这就对基金管理者的流动性管理能力提出了更高的要求。因此，对开放式基金管理者而言，如何科学、高效地管理基金的流动性是开放式基金生存与发展的基础。

3.1.2　开放式基金流动性的特点

根据前文，开放式基金的流动性在本文中指开放式基金持有的流动性资产。根据《证券投资基金法》和《证券投资基金运作管理办法》规定，开放式基金应当保持不低于基金资产净值5%的现金或者到期日在一年以内的政府债券，以备支付基金份额持有人的赎回款项。这里是把现金和到期日在一年以内的政府债券视为开放式基金的流动性资产。根据开放式基金的资产负债表，开放式基金的资产主要包括银行存款和清算备付金、存出保证金、债券、股票、权证、资产支持证券、买入反售证券及其他，并没有区分政府债券或公司债券。因此，本书将银行存款和清算备付金以及存出保证金视为开放式基金的流动性资产。

开放式基金流动性的主要影响因素是现金的流入和流出，开放式基金现金流入和流出的影响因素都比较复杂，现金流入和流出都有多个渠道。现金流入的渠道主要有：出售新基金单位所收入的现金，卖出所持证券得到的现金，所持证券的现金股利和利息收入，从市场上短期融入的资金；现金流出的渠道主要有：支付投资者的赎回，支付对投资者的分红，在资本市场上购买证券所需支付的现金。如果现金流入不能满足现金支付需要，而短期融资渠道又不通畅的话，那么基金不仅不能扩大规模，还有可能不得不大量变现所持证券，在市场低迷时，无疑会遭受不必要的甚至巨大的损失，而基金资产净值的降低又会进一步助长投资者的赎回需求，从而陷入恶性循环。

所以，开放式基金的流动性管理，除了要应对一般金融机构所共有的资产变现困难和不能在适当价位变现的风险外，还要应对一类特殊风险——巨额赎回风险。因此，开放式基金既需要预留一定的流动性以应对投资者的赎回需求，还要有充足的流动性用于抓住市场出现的投资机会。

3.1.3 开放式基金流动性的影响因素

开放式基金流动性的主要影响因素是开放式基金现金的流入与流出，而现金流入与流出的主要影响因素是开放式基金的申购与赎回。投资者申购赎回基金既受宏观因素的影响也受微观因素的影响。

影响投资者申购赎回的宏观因素主要是证券市场的收益率和风险。证券市场收益率对基金现金流入与流出的影响主要有两个方面：其一，证券市场收益率提高时，投资者预期基金的收益率也会提高，就可能增加对基金的申购或减少赎回；当证券市场收益率下降时，投资者会预期基金的收益率也会下降，可能增加对基金的赎回或减少申购。其二，由于开放式基金的投资对象主要是证券市场的各类产品，其中，股票是股票型开放式基金的主要投资对象。证券行情的变化必然影响投资对象的价格变动，从而影响开放式基金的净值，而基金净值的变化会进一步影响投资者的持有信心，导致投资者申购或赎回基金份额，申购导致现金流入基金，赎回导致现金流出基金，申购赎回基金份额最终导致开放式基金现金流的波动。因此，证券市场价格的下跌，会影响投资者对开放式基金的投资信心，将会导致开放式基金的申购减少赎回增加，从而现金流减少。如果证券市场价格上扬，投资者预期乐观，将导致开放式基金的申购增加赎回减少，从而现金流增加。

证券市场收益率的波动率也会影响基金的申购赎回，从而影响基金的现金流量。证券市场收益率的波动水平扩大时，资金为规避风险而流入基金，当证券市场收益率的波动水平缩小时，资金流出基金。另一方面，由于开放式基金的主要投资对象是股票，因此，当证券市场的波动率提高时，基金的波动率也会提高，投资者出于避险的目的也会赎回或者少申购基金。

影响开放式基金现金流的微观因素比较多，主要有基金业绩、分红、规模、费用、存续时间、投资者结构、品牌、价位、上一期申购赎回情况等，下面分情况加以说明。

1. 基金业绩

如果投资者观测到开放式基金的业绩表现比较好，投资者会预期其未来业绩也比较好，在这种预期下，投资者将做出申购该基金的决定，希望在未来能得到较好的回报。投资者持有某开放式基金，如果不满意当前的投资回报，将做出赎回该基金的决定。如果基金的业绩表现实现了投资者的投资目标，投资者为保住当前获得的收益，也可能根据“落袋为安”、“众鸟在林不如一鸟在手”的原理而赎回基金。因此，基金的业绩与投资者是否申购赎回开放式基金有很大的关系。

对基金市场相对发达、投资者理念相对成熟的国家的研究表明，基金投资者持有长期投资理念。如果基金业绩表现良好，投资者为获取长期的投资回报，将减少赎回或增加申购，因此规模就会由于基金净值历史收益率高引致的投资者净申购而不断扩大；相反，当基金历史收益率不高时，投资者会做出赎回该基金的决定，基金规模会因投资者的净赎回而缩小。也就是说，基金净值的历史收益率与基金现金净流入是正相关的。但是，对中国基金市场的研究却发现了相反的现象：基金净值的历史收益率与基金的净现金流入是负相关的。也就是基金业绩越好，遭遇到的赎回越大，基金业绩相对不是很好时，遭遇到的赎回反而比较小。这可能是因为我国的基金投资者（尤其是个人投资者）的投资理念还不够成熟，只看重短期利益，喜欢追涨杀跌。

另外，基金净值收益率的波动越大，说明基金净值收益率的风险就越大。如果收益不变，风险扩大将导致资金流出基金，风险的减小应该导致资金流入基金。

2. 基金的分红

投资者投资开放式基金所能获得的收益包括买卖基金的价差收入和基金分红，投资者持有基金能获得的最直接的回报是基金的分红。基金的分红会在以下几个方面影响投资者的申购赎回决定：

第一，根据我国相关法规和基金合同的规定，基金分红必须满足以下三个条件：基金当年收益弥补以前年度亏损后方可进行分配；基金收益分配后，单位净值不能低于面值；基金投资当期出现净亏损则不能进行分配。由此可见，基金只有具有良好的业绩才能进行分红。分红次数多、额度大的基金，投资者认为其投资实力强大，从而做出增加申购、减少赎回的决定，导致基金现金流增加。

第二，根据行为金融学上的“心理账户”（mental accounts）的概念，投资者将红利和资本利得纳入不同的心理账户，对这两类账户的风险采取不同的态度，对红利等保值型心理账户，风险厌恶比较明显；对资本利得等资本增值型心理账户，风险承受能力较强，甚至表现为风险喜好。因此，分红可以满足投资者“落袋为安”、“两鸟在林不如一鸟在手”的风险规避心理。

第三，根据相关政策，法人投资者（不含个人）应对赎回基金时取得的盈利收入缴纳企业所得税，但所有的投资者（包括个人和法人）暂不需要缴纳从基金分配中取得的红利收入的所得税。因此，从合理避税的角度出发，法人投资者可能更希望通过基金多分红，降低基金的单位净值，在需要赎回时规避由于资本利得而需要缴纳的所得税。

第四，开放式基金的单位净值主要、直接的影响因素是证券价格。如果基金在有收益的时候没有及时分红，那么当未来证券价格下跌时，会使得基金净值降低，投资者的收益也会随之减少，投资者就有可能做出赎回基金的决定，从而减少基金的现金流。

3. 基金的规模

基金规模越大，资金实力就越强，在市场的投资能力和影响力也就越大。另外，规模较大的基金收取的基金管理费用比较多，比规模小的基金具备资金上的优势，在收集信息、吸收人才、研究和风险管理等方面的优势显著，对证券的研究和选择能力较强。因此，投资者在选择基金时，会偏好规模较大的基金。

4. 基金的费用

开放式基金的费用是指投资者在申购或赎回基金时需要支付的申购费和赎回费，以及在持有基金单位时需要支付的基金管理费、托管费等持有费用。一般来说，管理费和托管费是基金每日运作时基金管理机构和托管机构向投资者收取的运营成本。运营费用的增加会降低投资收益，投资者会倾向于申购费用较低的基金，但高的管理费有时代表基金管理者管理基金的努力程度或者管理能力较高，能为投资者带来较高的收益，因此申购增加赎回减少，现金流增加。由此可见，运营费对基金流量的影响是不确定的。

申购费较低的基金，能够降低投资者的买入成本，投资者会增加对基金的申购；而赎回费较高的基金，能够抑制投资者对基金的赎回决定。因此，申购赎回费率较高的基金，可以抑制投资者随意进出基金，起到稳定基金现金流的作用。

5. 基金的存续时间

根据相关政策，开放式基金的投资者可以根据基金单位净值等信息随时决定是申购或是赎回基金。如果开放式基金业绩较好，投资者必然会积极申购，从而使得基金规模迅速扩大。但是如果基金业绩表现不佳，则随时都有可能遭遇赎回。开放式基金投资者申购赎回直接影响到基金的存续期限，遭遇大规模赎回的开放式基金会面临清盘的风险，而那些在市场激烈竞争中存活下来，存续期较长的开放式基金，则向市场传递这种信号：我们经历了市场的长期检验，是比较优秀的基金。

因此，总的来说，基金业绩持续性在一定程度上可以从基金存续时间的长短方面得到反映，基金存续时间的长短可以从一些方面衡量基金的市场生存能力：存续时间越长的基金，说明基金管理人的管理经验越丰富，基金的业绩也将更好。因此，在其他类似的情况下，投资者对存续时间越长的基金申购越多、赎回越少。

6. 投资者结构

开放式基金的投资者有机构投资者和个人投资者。个人投资者的资金有限，受限于个人的知识信息和信息分析能力，持有的基金份额会比较少，有可能频繁地申购和赎回基金；机构投资者的资金实力强大，又有专门的分析研究人员，获取信息的途径也比个人投资者多，因此，持有的基金份额要大于个人投资者，申购和赎回的频率小于个人投资者。从数量的影响来说，个人申购赎回的份额数量相对较小，就单个的个人而言，其申购赎回对基金的影响不大。机构投资者虽然申购赎回基金的频率不高，但每次申购赎回的份额都比较大。因此，如果某只开放式基金的个人投资者比重过大，基金的申购赎回可能会相对频繁，基金份额和基金现金流量的波动会相对较大，基金的流动性或现金管理难度就会比较大。

机构投资者由于基金持有和基金申购赎回的数量比较大，做出申购赎回的决定也相对慎重，因此，开放式基金的管理者比较容易把握和应对机构投资者的申购赎回行为。

个人投资者虽然份额小，单个投资者的申购赎回影响较小，但如果个人投资者受相同信息的影响，做出相似的投资决策，同时申购或赎回基金，则众多个人投资者形成的合力对开放式基金的规模影响是非常巨大的。共同的申购行为，导致基金规模迅速扩大；共同的赎回行为，则使得基金规模迅速变小。可见，与机构投资者相比，个人投资者比例的高低对开放式基金份额的变动具有一定的影响。

7. 基金的品牌

国外研究表明基金的品牌效应也是影响基金份额变动的主要因素之一，投资者倾向于申购具有良好品牌形象的基金公司的基金。由此可见，基金业绩表现良好是塑造品牌形象的基础，而基金自身独特的品牌也是获得投资者认可的有力保障。

基金管理的资产规模越大，投入到广告以及销售渠道建设中的资金就会越多。当然，广告投入的多少、销售渠道的建设，不只是基金管理资产规模决定的，还有基金公司的管理理念、管理水平以及发展战略等因素影响。但是，以下两点可以对这一假设起到支持作用：基金主要的收入来源是管理费，而基金收取的管理费的多少是由基金管理的资产规模决定的。因此，管理资产规模越大的基金财力就越雄厚，就越有资源投入到广告宣传和销售渠道建设中；基金管理资产规模本身也是基金公司的管理理念，投资者会看到各种广告和专家评论，也会受到基金公司销售部门的直接推销。由此可见，基金净现金流入的多少，不仅由基金本身的收益和风险的表现决定，基金公司的市场知名度、广告投入和渠道建设也同样影响着投资者的申购赎回决定。

8. 上一期投资者对基金的申赎行为

开放式基金投资者申购或赎回的决定往往受其他投资者的行为和观点影响，如果投资群体能观察到彼此的交易行为，那么他们就采取趋于一致的申赎行为，这就是所谓的“羊群效应”。研究表明，投资者的确存在“羊群行为”，基金投资者一般通过基金定期报告中与基金申购赎回相关的信息观察其他投资者的行为。由于“羊群效应”的存在，投资者有可能用基金上一期申购赎回的相关信息作为本期申购赎回决定的依据。

9. 基金的价位

基金公司往往把基金拆分作为一种营销手段，拆分将大幅降低基金单位净值，投资者可能认为低净值基金未来价格下跌风险较小，而净值高的基金价格下跌风险较大。因此在选择申购基金时，会选择低价位的基金，在选择赎回基金时，会选择高价位基金。基金管理公司意识到投资者的这种心理特征，往往在市场行情好、基金净值高时拆分基金。分割基金本身并不影响基金的运作，但它可以减少投资者对单位基金净值过高的担忧，减少投资者赎回，同时还能带来新资金流入。可见，基金的价位和投资者申购赎回有关，基金价位高——申购少、赎回多；基金价位低——申购多、赎回少。

由上述分析可见，投资者会根据宏观和微观因素决定申购或赎回基金，导致现金流入或流出基金。但总的来说，开放式基金业绩好、证券市场行情看好时，基金的申购增加、赎回减少，现金流入基金；反之，当基金业绩不好、证券市场行情看跌时，投资者减少申购基金、增加赎回基金，现金流出基金。

3.2 开放式基金持有流动性的动机

Keynes（1936）把持有流动性的动机分为三类：交易动机、预防动机和投机动机。Keynes（1936）还定义了“流动性偏好”：“他到底以何种方式持有当前所得和储蓄所得的消费支配权呢？是用即期的、流动的支配权形式，还是放弃这些支配权一段时期，让市场决定他在未来的某种条件下，将某一特定商品的延期支配权转换为一般商品的即期支配权呢？换句话说，他的流动性偏好程度是怎样的呢？”由此可见，流动性本质上为持有者提供了一种在不确定条件下的灵活性安排，持有流动性就拥有对未来消费或投资的选择权，缺乏流动性就意味着缺乏这种灵活选择权。正如Hicks（1974）所言：“由于所持有的资产缺乏流动性，就会缩窄未来本可能对他敞开的机会，持有这类资产的投资者把自己锁在了里面。”这表明，如果初始投资于流动性资产，未来投资机会出现时，更有可能利用投资机会而获利；相反，如果初始没有投资于流动性资产，未来投资机会出现时，有可能因短时间内难以筹集到足够的资金而错失投资机会，至少会错失最佳的投资时机。另一方面，在不完全经济中，投资者不能准确预期现金的流入和流出，经常出现未预期到的流动性需求，因此，流动性储备是适应未来不确定性所必需的。Shackle（1989）也认为，流动性是“应对不了解未知未来情况的工具，如果一项资产能规避不了解未知未来情况而带来的后果，那么它是具有流动性的”。

在 Stromboli and Antiroll（1996，1998a，1998b）的模型中，企业家希望有某种保险来防止外部冲击对其净财富和未来投资水平的影响。也就是说，为应对可能的流动性冲击，需要用流动性作为缓冲。

从上面的分析可知，流动性能够提供一种保险，以应对未来出现的流动性需求，具有保险功能。流动性还可以使流动性的持有者抓住未来出现的机会，具有投资的功能。

3.2.1 开放式基金持有流动性的保险动机

开放式基金的风险主要在于证券组合收益的不确定性和现金流（流动性）的不确定性（也即流动性风险），流动性风险是开放式基金的重要风险。而流动性风险又由流动性资产的不确定性和基金投资组合的不确定性共同决定。当投资者赎回基金时，就会导致流动性资产的变动或者投资组合的变动，从而导致资产变现的流动性风险，当投资者的预期收益性与流动性之间的矛盾不断增加时，将不可避免地导致开放式基金市场价值的变动，而市场价值的变动必然引致投资者申购赎回的决定，申购赎回又会导致基金表现的不确定性。那么，为了有效管理开放式基金的流动性风险，开放式基金需要持有一定规模的流动性。

投资者可随时赎回的制度安排，弱化了开放式基金资金来源的权益资本性质，强化了其负债性质，使开放式基金的资金来源具有了准负债特征，从而将开放式基金的资产负债比例推向最大。这种制度或机制上的安排，使基金投资者规避了大部分流动性风险，但基金管理人的流动性风险却显得更为突出。流动性风险具有正向反馈性质：流动性风险一旦出现，就会自我强化，严重时甚至产生清盘危险。因此，开放式基金要持有应对投资者的赎回足够的流动性，以避免发生流动性风险。

但持有流动性不是越多越好，因为流动性和收益性是对立统一的关系，这使得基金管理人常常会面临两难选择：如果持有大量的现金和国债以保持较高的流动性，就不得不放弃投资某些增长性高的股票资产，从而降低基金的收益性；如果增加高风险股票的投资比例以追求高收益，又有可能面临因流动性不足而导致的巨额赎回风险。因此，平衡开放式基金的流动性与收益性、保留适当比例的流动性资产是开放式基金管理人面对的重大挑战。

以上分析的开放式基金持有流动性的动机涉及的是应对流动性风险的动机，这种动机可以看做保险动机，意思是说开放式基金预防流动性风险的方法是持有一定比例的流动性资产，相当于基金为自身购买了一份保险。

凯恩斯的流动性偏好理论认为持有流动性有三种动机：谨慎动机、交易动机和投机动机。其中，交易动机又有收入动机和业务动机之分，收入动机主要指消费者个人等消费型市场主体持有流动性的动机，而业务动机主要指企业等生产和服务型市场主体持有流动性的动机；谨慎动机主要指个人或企业为应付偶然性意外支出、偿还以货币计价的债务、抓住未预料到的有利的购买机会而持有的流动性。本书的开放式基金持有流动性的保险动机与业务动机和谨慎动机具有很强的相似性，除了“抓住未预料到的购买机会”之外，业务动机和谨慎动机类似于保险动机。

3.2.2 开放式基金持有流动性的投资动机

《证券投资基金法》和《证券投资基金运作管理办法》规定，开放式基金应当持有不低于基金资产净值5%的现金或者到期日在一年以内的政府债券，用于支付基金份额持有人赎回的款项。这5%的流动性是为应对开放式基金的流动性风险的，是出于保险动机而持有的流动性，但开放式基金所持有的流动性往往要远远高于5%。一般来说，流动性与收益性是反向变动的：流动性高，收益性就低；流动性低，收益性一般要高。开放式基金集合投资者的资金，投资于证券市场，目的是为投资者获取较高的收益，也就是开放式基金运作的目的应该是基金净值最大化。但要想收益最大化，流动性资产就不能持有太多。那么基金为什么要持有超额流动性呢?

开放式基金保留现金主要出于两种考虑：一是为满足未来赎回的需要而预留的现金；二是基金经理为抓住市场出现的获利机会的需要。

凯恩斯流动性偏好理论认为，持有流动性的谨慎动机是为了应付偶然性意外支出、抓住未预料到的有利购买机会、偿还以货币计价的债务，投机动机是以通过不断了解未来市场的变化而获取利润为目的。当预期未来的投资机会较多时，持有的为抓住未来投资机会的流动性也就会增多。开放式基金持有超额流动性的目的，可以理解为凯恩斯流动性偏好中的投机动机和谨慎动机中的“抓住意想不到的有利购买时机”，即投资动机。

开放式基金既要满足流动性和安全性，也要满足盈利性，三者相互影响、相互制约，流动性和安全性要为盈利性服务，保持资产的安全性和流动性的最终目的都是提高盈利。开放式基金持有超过抵御风险需要的流动性资产，目的是要寻找或等待合适的（能为其带来更多收益的）投资机会。也可以理解为，如果开放式基金持有超额流动性，应该是基金经过安全性、流动性和盈利性三原则的综合考虑之后，认为目前的投资机会不具有投资价值，否则，应该将流动性资产投资到股票等其他资产以获得较高的收益，而不应该持有流动性。如果不考虑交易成本，根据无套利定价原理，在均衡状态下，开放式基金持有的超额流动性资产只有在将来获得的潜在收益超过立即投资到股票等资产获得收益的情况下，才应该持有超额流动性，因为持有超额流动性资产要承担未来不确定性的风险。所以其超额流动性的潜在收益应该超过目前投资资产的收益，超出部分就是风险的补偿。于是可以推断，开放式基金持有超额流动性资产的动机是企图获得流动性给其带来的潜在收益，并且考虑到投资机会未来收益的不确定，可以认为，开放式基金持有超额流动性资产的动机是一种投机动机。

3.3 开放式基金流动性的价值分析

开放式基金持有流动性的保险动机赋予开放式基金管理者应对投资者赎回的灵活性，投资动机赋予管理者抓住投资机会赢取利润的灵活性。这些灵活性具有相应的价值，这一价值便是开放式基金流动性的价值。

如果开放式基金持有足够多的流动性，那么当出现投资者意外增加的赎回需求时，开放式基金可以轻松应对而不会发生挤赎风险。反之，如果开放式基金持有的流动性不够应对投资者的赎回需求，则基金需要卖出流动性较低的证券。如果赎回需求较多，则需要卖出较多流动性低的证券，这有可能导致证券价格下跌，证券价格下跌进一步导致基金净值下降，基金净值下降又会引起更多的投资者赎回，最终陷入一种恶性循环，甚至导致基金的清盘危险。对比持有流动性多少的两种不同结果，这两种结果下基金的净值是不同的，即使开始时基金净值相同，但因为流动性持有量的不同最终使其净值发生了变化，这两种情况下净值的不同是因为流动性的不同而产生的。因此，基金的流动性是有价值的。当然，持有流动性也是有成本的，因为流动性强的资产收益率较低，持有流动性的成本就是流动性资产收益率低造成的收益损失。这种情况下的流动性价值有点类似于保险，保险费用就是持有流动性的收益损失，持有流动性相当于为挤赎风险购买了保险。

再考虑另一种情况，如果证券市场出现了较好的投资机会，但开放式基金没有储备足够的流动性，在这种情况下，基金要么卖出流动性低的证券筹集资金，要么坐视机会的丧失。如果卖出流动性不好的证券，则可能会有价格上的折扣，基金净值会降低；证券市场上的投资机会往往稍纵即逝，如果卖出了流动性不太好的证券时，投资机会已经丧失，则基金损失的就不仅仅是价格上的折扣了，还包括没有抓住机会带来的收益损失。如果基金持有充足的流动性，则当机会出现时，基金经理就可以迅速抓住投资机会，为基金赢得收益。在这两种情况下，基金因持有流动性的不同而最终导致的基金净值的不同，应该也是流动性的价值带来的。这种情况下流动性的价值就是投资价值，即基金因持有充足的流动性而使其能够抓住投资机会而带来的价值。

综上所述，流动性是有价值的，这一点已有文献说明；开放式基金的流动性也是有价值的，并且其价值可以视情况的不同分为流动性的保险价值和流动性的投资价值。

3.4 期权定价理论与流动性价值

3.4.1 期权定价理论

期权，又称选择权，是一种在未来采取某项行动的权利，期权交易是这种权利的交易，这种权利交易具有很强的时间限制，它只能在合约规定的有效期内或合约规定的某一特定的履约日行使，一旦超过合约规定的期限，就会自动失去这种权利。期权的买方享有一种选择权，他有权在规定的时期内（或规定的日期），根据情况的变化，选择是否采取行动。买方所承担的最大风险是为购买期权所支付的期权费，当其在有利情况下行使期权，则可能取得无限的收益，当情况的变化对其不利时，只需不采取行动放弃期权，损失的也仅仅是期权费。期权交易的实质是一种选择权的交易，期权的价格即是为拥有这种权利而必须支付的费用，亦即期权费。

期权的魅力在于投资者付出少许代价就可以在控制或有损失的基础上扩大获利空间。期权赋予其持有者根据未来情况变化采取行动的权利，这种权利具有一定的价值，因而期权有其价格，该价格中包含了在一段时间中信息的价值。或者可以说，期权的价值反映了不确定性所带来的收益的增加或损失的减少。随着理论和实践的不断发展，逐渐形成了所谓的“期权理论”，其中核心部分是期权的定价理论，并出现了广泛的应用前景。

最早研究期权定价理论是 Louis Bachelier1900 年在其博士论文“论关于投机的数学理论（On the Theory of Speculation）”中首次描述证券价格在连续时间域上的动态变化（运用随机过程理论中的鞅理论和布朗运动），给出了确定到期日看涨期权的预期价值，但其模型忽略了股票价格不可能为负以及平均预期价格变化不为零的条件。Sprenkl（1964）假设股票价格遵从几何布朗运动，用股票收益率代替股票价格，避免了股票价格出现负值的情况，修正了 Bachelier 模型中的第一个缺陷。Baness（1964）和 Samuelson（1965）对 Bachelier 的模型进行了更为完善的修正，避免了股票价格为负的可能性，并考虑到了贴现率的问题。但是他们模型的结果依赖于投资者的个人偏好，使得模型在实际交易中不能得到广泛的应用。1973 年，Black and Scholes 在前面几位学者研究成果的基础上，假设市场不存在套利机会，用无风险利率替代了 Baness（1964）和 Samuelson（1965）模型中个人偏好的部分，使期权定价理论的应用得到推广，模型在一系列假设的基础上建立：

①标的资产的价格遵循（3－1）式所描述的几何布朗运动：

$$dS = rSdt + \sigma Sdz \tag{3-1}$$

其中，r、σ 是常数，r 为标的资产的预期收益率，σ 是标的资产的波动率，dz 为维纳过程。

②在期权有效期内，无风险利率、股票资产期望收益变量和价格波动率是恒定的；

③股票资产在期权有效期内不支付红利及其他所得；

④欧式期权假设，即在到期前不可执行期权；

⑤买卖标的资产或期权没有交易成本，不存在税收，允许卖空；

⑥金融资产的交易可以是连续进行的，可以运用全部的金融资产所得进行卖空操作；

⑦金融市场上不存在无风险套利机会。

B－S 期权定价模型的原理是：衍生资产的价格及其所依赖的标的资产价格遵循相同的维纳过程，并且都受同一种不确定因素的影响。通过建立一个资产组合（包含恰当的衍生资产头寸和标的资产头寸）消除维纳过程，则可以抵消掉标的资产头寸与衍生资产头寸的盈亏，这样的资产组合是无风险的资产组合，该资产组合的收益率应等于无风险利率，由此可以得到衍生资产价格的 B－S 微分方程（刘海龙、吴冲锋，2002）：

$$\frac{\partial f}{\partial t}+rS\frac{\partial f}{\partial S}+\frac{1}{2}\sigma^2S^2\frac{\partial^2 f}{\partial S^2}=rf \qquad (3-2)$$

其中，f 是 t 时刻标的资产价格为 S 时看涨期权的价值；r 为无风险利率。

此方程有多个解，其中，对于欧式看涨期权的边界条件是：当 $t=T$ 时，$f=\max(S-X,\ 0)$，T 是期权的有效期限；X 是期权的执行价格。

通过求解偏微分方程可得到欧式看涨期权的定价公式：

$$f=SN(d_1)-Xe^{-r(T-t)}N(d_2) \qquad (3-3)$$

其中，$N(.)$ 是标准累积正态分布函数。

$$d_1=\frac{\ln(\frac{S}{X})+\left(r+\frac{\sigma^2}{2}\right)(T-t)}{\sigma\sqrt{T-t}},\ d_2=d_1-\sigma\sqrt{t}$$

B－S 期权定价思想的微分方程的一个重要特性就是不依赖股票的预期收益率 μ，也就是方程的解不依赖于 μ，即不依赖于人们的风险偏好。Cox and Ross（1976）根据这一特点提出了著名的风险中性定价理论。

风险中性定价方法设定股票价格遵循几何布朗运动：

$$dS=rSdt+\sigma Sdz \qquad (3-4)$$

则欧式看涨期权的价格为：

$$C = e^{-r(T-t)}E[\max(S_T - X),0] \tag{3-5}$$

其中，S_T 为标的资产价格遵循（3－4）式时，T 时刻的价格。

利用 Ito 公式和对数正太分布的某些特征，可以推导出公式（3－5）的解析解：

$$C = SN(d_1) - Xe^{-r(T-t)}N(d_2) \tag{3-6}$$

由公式（3－6）可知，通过风险中性定价方法得到的欧式看涨期权定价公式和 B－S 期权定价公式完全相同。然而，在风险中性的假设下，通过概率统计和微积分的推导方法要比运用随机过程和求解随机微分方程的推导过程简洁得多，尤其是在求解微分方程时得不到解析解的情况下。因此，风险中性定价方法在各类期权产品的定价中得到了更加广泛的应用。

B－S 期权定价模型一经推出便在学术界得到了高度评价，并很快在实践当中得到了广泛应用。随着期权交易的迅速发展，人们为顺应实践发展的需求开展了大量的后续研究，这些研究工作大致可以分为两类：一类从理论分析入手，集中讨论模型前提假设是否合理，认为过于严格的假设削弱了模型的可靠性，一些学者修改了假设条件使之与实际情况更为符合，并以此构建了相应的期权定价模型。莫顿（Merton，1973）考虑了股利支付和执行价格可变的因素；后来，他在 1976 年又引入连续时间内含泊松跳跃过程来描述标的资产价格运动轨迹，提出了著名的跳跃扩散模型（Jump-Diffusion Model）。霍尔和怀特（Hull and White，1987）假定波动率是可变的，得出了随机波动率的最简单的期权定价模型。波也里（Boyle，1976，1986，1988）利用期权到期日时资产价值的分布，提出了蒙特卡罗模拟方法。盖思科（Geske，1979）分析了复合期权的定价问题，揭示了如何对以期权为标的资产的期权进行定价。贝克斯、曹和陈（Bakhshish，Cao and Chen，1997）放松了更多的假设条件，提出了随机波动率—随机利率—跳跃扩散模型。

另一类对 B－S 模型的扩展主要从期权定价基本原理出发，将模型推广到外汇期权、利率期权、期货期权、新型期权以及具有期权特征的衍生证券等的定价当中，使期权定价理论得到不断的完善。

3.4.2 开放式基金流动性价值的期权特征

期权交易的对象是一种买进或卖出标的资产的权利，期权交易是这种权利的交易。期权拥有者享有一种选择权，他有权在规定的时期内（或规定的日期），根据市场行情的变化，选择是否行使这种权利或者转让其权利。期权拥有者所承担的最大风险是为购买期权所支付的期权费，当其在有利情况下行使期权时，则可能取得无限的收益。期权拥有者享有的这种选择权是有价值的，他必须事先支付一笔期权费作为拥有这种选择权的代价，这笔期权费就是这种选择权的价值。也就是说，期权本质上代表着一种在不确定性条件下、未来时间的选择权，使得人们能够在将来依据环境变化相机抉择，且具有的是在将来采取行动的权利而不是必须采取行动的义务。这种选择权不局限于金融衍生工具，它广泛存在于投资领域和企业经营决策领域中，应用于投资领域和企业经营决策领域中的这种选择权就是实物期权。

实物期权理论的基本原理是“价值和最佳的投资策略，以确定投资机会，投资者不应该简单地用主观概率和效用函数，理性的投资者应该寻求一种方法来最大化项目在市场上的价值。投资者在确定投资机会的价值和最优投资时机时，不应简单地使用效用函数和主观的概率方法，理性的投资者应寻求一种方法来最大化建立在市场基础上的项目价值”（齐安甜、张维，2001）。根据这一思路，投资者可以灵活地选择投资、等待、放弃等多种方案，从而提高投资决策的灵活性。如果说净现值法是一种在确定环境下评估价值的方法，则实物期权理论就提供了一种在风险高、不确定的环境中的项目投资决策的评估工具。

期权定价理论在实物资产投资中的广泛应用，对实物期权理论的产生和发展具有极大的启发意义，实物期权理论的快速发展，使期权定价的基本原理从金融投资领域拓展到实物资产投资领域，期权定价方法也从测算金融期权价值扩展到测算广义上的期权性资产的价值。在金融资产投资或有形资产项目投资的实践中，发现或构造金融资产或实物资产投资项目所具有的期权性质，并定量测算其中蕴含的期权性价值，改进和完善了传统投资决策的理念与方法，遵循了更接近资产真实价值的评估路径。可以说，这种对于期权定价理论的定性认识和定量分析显著提高了人们在不确定情况下做出正确投资决策的能力。

从前文关于基金持有流动性的动机和期权特征的分析可知，开放式基金持有的流动性资产赋予开放式基金管理者一种未来时间的选择权，使其能够在具有不确定性的环境中，根据未来情况的变动，相机抉择是否相互转换流动性资产和股票资产，以把握潜在的获利时机。并且，开放式基金管理者具有是否相互转换的权利而没有必须相互转换的义务。由期权定价基本原理的分析可知，开放式基金所持有的这种流动性资产蕴含的未来时间的选择权本质上具有期权属性，它类似于一种新型期权——交换期权，与其相应的流动性价值便是一种期权性价值。既然流动性价值具有一种期权性价值，后续章节将借鉴期权定价的思想与方法，定量分析开放式基金流动性价值。

4 股票型开放式基金流动性的投资机会集

4.1 股票型开放式基金流动性的界定和流动性的投资对象

根据《证券投资基金管理暂行办法》的规定，基金可投资于股票、债券、股指期货和现金等资产，但不得投资于房地产、从事信贷等，也不得动用银行信贷资金从事基金投资。基金投资于股票、债券的比例，不得低于该基金资产总值的80%，基金投资于国家债券的比例，不得低于该基金资产净值的20%；开放式基金必须保持不低于基金资产净值5%的现金或者国家债券，以备支付赎金。

由此可见，开放式基金的投资对象是股票、债券等资本市场上的资产，而不得投资于实际资产。并且要持有不低于基金资产净值20%～25%的现金资产或国债。这里也就把开放式基金的投资机会限定在资本市场上了。

根据《证券投资基金管理暂行办法》，60%以上的基金资产投资于股票的基金是股票型基金；以股票投资为主，股票投资配置比例的中值大于债券资产的配置比例的中值，二者之间的差距在10%以上的基金是偏股型基金。

根据以上两点，我们将股票投资配置比例大于基金资产净值60%的开放式基金称为股票型基金。那么股票型开放式基金至少要有20%～25%的资金配置在现金和国债上，现金和国债的流动性强于股票和企业债券，这里称现金和国债为开放式基金的流动性资产。但能随时用于购买股票和应对赎回的资金，一般是指基金的银行存款、清算备付金和存出保证金，也就是本书所研究的开放式基金的流动性。

4.2　股票型开放式基金流动性的投资机会

流动性资产的收益率低，但流动性强。根据凯恩斯流动性偏好理论，持有流动性的动机有交易动机、谨慎动机和投资动机。对于开放式基金来说，假设按规定持有5%的现金和短期国债是应对谨慎动机的，那么开放式基金持有的超过应对谨慎动机的流动性可以用来应对交易动机和投资动机，投资动机就是开放式基金持有超额流动性，以待市场出现较好的投资机会时抓住这个投资机会。如果要讨论开放式基金超额流动性的价值，就有必要研究什么是基金的投资机会，也就是基金的投资机会集是什么。

投资机会集（investment opportunity sets，IOS）的概念是由Mayers，Smith and Watts在20世纪70年代提出来的，定义为公司投资于净现值为正的所有投资计划所带来的未来价值。Mayers（1976）认为公司价值是现有营运资产在未来持续产生现金流入时为企业所带来的价值和企业未来投资机会集给企业带来的价值。

根据证券投资组合理论，若干证券组成的投资组合，其收益是这些证券收益的加权平均数，投资组合能降低风险，随着证券投资比例的改变，期望报酬率和风险之间有着对应的关系。连接这些点所形成的曲线称为机会集，它反映出风险与报酬率之间的权衡关系，揭示了分散化效应，表达了投资的有效集合。

很显然，这两种对投资机会集的定义都不是基金的投资机会集，但可以为我们定义基金的投资机会集提供一些线索。企业管理的目标是企业价值最大化，基金管理的目标是基金净值最大化，因此，可以借鉴企业投资机会集的概念来界定基金的投资机会集，定义基金的投资机会集为未来所有可能期望净现值为正的投资机会。

与企业投资机会集不同的是，由于每个企业经营产品和所处行业等诸多方面的不同，企业的投资机会可能是不同的，而股票型开放式基金流动性的投资对象是资本市场上流通的股票。所以，股票型开放式基金流动性的投资机会集对所有股票型开放式基金来说都是相同的，就是资本市场上所有能带来期望净现值为正的股票的买卖机会。另外，由于股票价格的瞬时变化的特征，股票型开放式基金流动性的投资机会虽然会此起彼伏，不断涌现，但也会稍纵即逝。所以，股票型开放式基金流动性的投资机会时效性比较强，也就是有效时间比较短。

期望净现值为正的投资机会就是使投资收益的现值大于投资成本的现值的投资机会。对于股票型开放式基金流动性来说，由于其投资对象主要是股票，投资成本就是购买股票所支付的股价和交易费用：

投资成本＝购买成本＋交易费用

投资收益就是卖出股票所获得的收益减去交易费用：

投资收益＝卖出收益－交易费用

很显然，同一只股票的买点和卖点不会同时出现，如果不允许卖空，则要先买才能后卖，也就是买点在前卖点在后，假设买股票的时点为当前时点，则有：

投资机会的净现值＝投资收益的现值－投资成本

从上文分析可知，要为投资机会估价，就需要找出什么情况下是买点，什么情况下是卖点，也就是怎样找到买卖股票的价位。巴菲特及其老师格雷厄姆在这方面做了论述。

格雷厄姆认为，内在价值与低于内在价值的购买价格之间的差额称为“安全边际”。安全边际可以看做面对未来不确定性的一种“缓冲垫”，是使我们免于投资损失的自我保护。

巴菲特实践了格雷厄姆的理论，他认为：“我们在买入价格上坚持留有一个安全边际。如果我们计算出一只普通股的价值仅仅略高于它的价格，那么我们不会对买入产生兴趣。我们相信这种安全边际原则——格雷厄姆尤其强调这一点是投资成功的基石。”

从格雷厄姆和巴菲特的投资理念可以看出，股票的买点就是价格远低于内在价值时的股价，股票的卖点就是价格高于内在价值时的股价。巴菲特和格雷厄姆虽然没有提投资机会和波动性的关系，但很显然，他们并不认为市场是完全有效的，完全有效的市场价格总是反映价值的。如果市场完全有效，就不会出现价格远低于价值的机会。价格远低于价值的投资机会，实际上强调了价格的波动率和波动幅度，股市的波动率越高，投资机会出现的频率就越高，波动幅度越大，盈利的空间就越大。那么，流动性的投资机会的价值很显然与波动幅度和波动频率正相关。

假设股票的内在价值为 p，提供买入机会的波动幅度为 a，即在股价低于 $p-a$ 时买入股票，买入股票需支付交易费用 f_a，则有投资成本 I_c 为：

$$I_c = p - a + f_a \tag{4-1}$$

假设股票的内在价值比较稳定，在不是太长的时间内不发生变化，等到卖出股票的机会到来时，股票的内在价值仍为 p，设卖出机会在股价高于 $p+b$ 时到来，卖出股票的交易费用为 f_b，则有投资收益 I_e：

$$I_e = p + b - f_b \tag{4-2}$$

要求出投资的净现值，需要找到一个合适的折现率，假设这

个折现率为 r，则有投资机会的净现值 v：

$$v = e^{-rt} I_e - I_c = e^{-rt}(p + b - f_b) - (p - a + f_a) \tag{4-3}$$

如果买卖的时间间隔很短，则可以忽略时间价值，则有：

$$v = (b + a) - (f_a + f_b) \tag{4-4}$$

从这里可以看出，投资机会的净现值与股票价格的波动幅度 $(b+a)$ 成正向变化，与买卖股票的交易费用成负向变化。在式（4-4）中，我们也可看出，在一定的假设条件下，股票的内在价值并不影响投资机会的价值。

在式（4-4）的两边同除以 $p-a$，得到投资机会的收益率：

$$R = [(b + a) - (f_a + f_b)]/(p - a) \tag{4-5}$$

根据投资机会集是未来所有可能期望净现值为正的投资机会这一概念，只要 $R>0$，都可以看做是基金流动性的投资机会，但很显然，如果投资机会的收益小于流动性本身的收益时，基金是不会用流动性购买股票的。假设流动性的收益率是无风险利率 r，则投资机会就是能够获得收益 $R>r$ 时的机会，这时的投资机会的含义是使投资收益率大于流动性的收益率的机会，寻找投资机会就转化为寻找股票的预期收益率大于流动性的预期收益率的机会。

4.3 股票型开放式基金流动性的投资机会集

4.3.1 股票型开放式基金流动性的投资机会集

式（4-5）只考虑了一个投资机会的情况，中国股票市场上有众多股票，在同一时间点或者在某一时间段，股票价格有上升也有下降，这就给流动性提供了不同的买卖股票的机会。我们把在某段时间内出现的所有投资机会的集合称为股票型开放式基金流动性的投资机会集。

假设所有股票的预期收益率服从均值为μ，方差为σ^2的正态分布，则在当前时刻，基金流动性的投资机会集出现的概率p为：

$$p = \int_r^{+\infty} \frac{1}{\sqrt{2\pi}\sigma} e^{-\frac{(R-\mu)^2}{2\sigma^2}} dR = 1 - \int_0^r \frac{1}{\sqrt{2\pi}\sigma} e^{-\frac{(R-\mu)^2}{2\sigma^2}} dR$$

$$= 1 - \varphi\left(\frac{r-\mu}{\sigma}\right)$$

也就是说，如果股市中共有N只股票流通，则在当前时刻出现投资机会的股票数为$p*N$。那么这$p*N$只股票就是股票型开放式基金流动性在当前时刻的投资机会集，也就是预期收益$R>r$的投资机会的集合。

很显然，市场状态不同，流动性的投资机会集就会不同。在熊市时，股票的预期收益率一般会较低，投资机会集会小一些；在牛市时，股票的预期收益率一般会比较高，其投资机会集也会大一些。假设股市的收益率符合理性预期，从 2006 年到 2007 年 10 月份股市是牛市阶段，以 2007 年 3 月 9 日那天的周数据为例，该时刻股票的收益率均值为 0.050 187 92，最大值为 0.783 164，最小值为 -0.093 306，标准差为 0.073 829 714，共有 1 457 只股票的数据（数据来自国泰安数据库），无风险利率用 shibor 一周利率，则无风险利率为 0.000 3（数据来自 shibor 官网），则投资机会出现的概率为 0.750 45，也就是说有 1 093 只股票组成流动性的投资机会集；从 2007 年 11 月份到 2008 年 10 月是熊市，以 2008 年 3 月 21 日的周数据为例，该时刻股票周收益率的均值为 -0.060 881 54，最大值为 0.254 524，最小值为 -0.254 894，标准差为 0.058 175 696，共有 1 512 只股票交易，无风险利率为 0.000 45，则投资机会出现的概率为 0.145 846，也就是说有 220 只股票组成流动性的投资机会集。从上例中可以看出，在熊市和牛市时，流动性的投资机会集有很大的不同，熊市时投资机会集要比牛市时小得多。

综上所述，投资机会集就是能使投资收益大于流动性持有成本的股票的集合。很显然，投资机会集越大，流动性的投资机会越多，持有的流动性可能带来的收益就越多，流动性的价值就会越大（因为对资产价值评估的基本思想是评估资产净收益的现值），但如何用投资机会集来度量流动性的价值呢？

4.3.2 流动性价值与投资机会集

根据前文，流动性的投资价值就是流动性赋予持有者在投资机会出现时投资于投资机会而获取收益价值，赋予流动性持有者一种在未来存在不确定性的情况下投资与否的选择权，使其持有者拥有根据未来情况决定投资与否的权利而没有必须投资的义务。这种因流动性而提供给持有者的选择权（这种选择权能够产生预期收益）具有相应的价值，这种价值就是流动性的投资期权价值。这种价值是由于流动性与投资机会之间的转换而获得的收益价值，根据实物期权的原理，这种期权就是交换期权。

郑凌云（2007）将交换期权和流动性投资期权之间的关系做了比较，比较结果见表4－1：

表4－1　交换期权和流动性投资期权的关系

交换期权	流动性投资期权
资产1的价格	预期投资机会价值
资产2的价格	投资成本
资产1价格波动率	投资机会波动率
资产2价格波动率	投资成本波动率
资产价格变动相关性	收益－成本相关性
到期日时间	投资机会期限

（续上表）

交换期权	流动性投资期权
资产 1 红利	投资机会价值漏损
资产 2 红利	流动性持有成本

资料来源：根据郑凌云（2007）《公司流动性期权定价研究》第 51 页整理。

由表 4 - 1 可知，流动性的投资期权价值直接与投资机会价值相关，要评估流动性投资期权的价值，需要评估流动性的投资机会集的价值。

4.4　流动性的投资机会集价值

对公司投资机会价值的评估大都是根据投资项目预期净现值用实物期权的方式直接评估或者用间接评估的方式，本书借鉴公司投资机会价值评估的实物期权方式来评估股票型开放式基金流动性的投资机会集的价值。

考虑一个投资机会集，投资时限是 t，也就是流动性只在时间段 $0-t$ 内拥有该投资机会集。设投资成本为 I，一旦投资即可获得一个服从下列分布的随机变化的收益流：

$$dR_t = \alpha R_t dt + \sigma R_t dz$$

其中，α 为 R_t 的期望增长率，σ 为 R_t 增长率的波动率，dz

为标准的 Winer 过程的增量。未来收益以经风险调整的利率 r 贴现，$r=r_f+\lambda\rho\sigma$，其中 r_f 为无风险利率，λ 为市场风险价格，ρ 为投资机会与市场组合的相关系数。设 $\delta=r-a>0$ 为投资机会集的回报不足率，投资机会集的价值为未来收益现金流在当前时刻的期望现值：

$$\int_0^t E_\tau(R_\tau)e^{-r\tau}d\tau = R_t/\delta$$

假设投资原则是存在一个投资决策临界值 R^*，当 $R_t \geqslant R^*$ 时，基金买入股票，否则等待。设 R^* 对应的时刻为 t^*，即 $R_{t^*}=R^*$，其中最优投资时间是收益流从 0 时刻开始首次到达或超过投资临界值 R^* 的时刻，这里可以看出，t^* 是一个随机变量。

根据 Harrison（1985）的结果，在 t 时间段内，R_t 从 R_0 出发达到 R^* 的概率为：

$$p(R^*) = N(d_1) + \left(\frac{R^*}{R}\right)^{\left(\frac{2a}{\sigma^2}-1\right)}N(d_2)$$

其中，$d_1=\dfrac{\ln(R/R^*)+(a-\sigma^2/2)t}{\sigma\sqrt{t}}$，$d_2=d_1-\left(\dfrac{2a}{\sigma^2}-1\right)\sigma\sqrt{t}$，

N（.）为标准正态分布的累积分布函数。

在时刻 $\tau<t$，若基金已经投资了投资机会集，则投资机会集的价值为随机收益流在 t 时刻前已经到达投资临界值的条件下，未来收益现金流在时刻 τ 的期望现值，再对概率 p（R^*）取期

望，即投资后的投资机会集价值为：

$$V(R_\tau) = (R_\tau/\delta - I) \cdot p(R^*)$$

在0时刻有：

$$V(R) = (R/\delta - I) \cdot p(R^*)$$

在时刻 $\tau < t$，若基金还没有投资到投资机会集中，投资机会集的价值是 F，F 是投资机会集价值 $V(R_\tau)$ 的函数，$V(R_\tau)$ 又是 R_τ 的函数，所以有 $F = F(R_\tau)$。$F(R_\tau)$ 可以看做 $V(R_\tau)$ 在时刻 τ 的折现值，于是有：

$$F(R_\tau) = E_\tau[V(R^*)e^{-rt}] = (R^*/\delta - I)(R_\tau/R^*)^\beta p(R^*)$$

其中，β 是二次方程 $\frac{1}{2}\sigma^2\beta(\beta - 1) + a\beta - r = 0$ 的大于1的根。在0时刻投资机会集的价值为：

$$F(R) = (R^*/\delta - I)(R/R^*)^\beta p(R^*) \tag{4-6}$$

其中，R^* 是使 $F(R)$ 达到最大值的值，对式（4-6）求一阶导数，令一阶导数等于零得：

$$p(R^*)\left(\frac{R}{R^*}\right)^{\beta}\left(\frac{1-\beta}{\delta}+\frac{\beta I}{R^*}\right)+$$

$$\left(\frac{R}{R^*}\right)^{\beta}\left(\frac{R^*}{\delta}-I\right)\frac{\partial\ p(R^*)}{\partial\ R^*}=0 \tag{4-7}$$

再对 $p(R^*)=N(d_1)+\left(\frac{R^*}{R}\right)^{\left(\frac{2a}{\sigma^2}-1\right)}N(d_2)$ 两边关于 R^* 求导并化简得:

$$\frac{\partial\ p(R^*)}{\partial\ R^*}=-\frac{2}{\sigma\sqrt{t}R^*}\frac{\partial\ N(d_1)}{\partial\ d_1}+$$

$$\frac{N(d_2)(2a/\sigma^2-1)}{R^*}\left(\frac{R^*}{R}\right)^{(2a/\sigma^2-1)} \tag{4-8}$$

将式（4-8）代入式（4-7）并化简得:

$$\left(\frac{1-\beta}{\delta}+\frac{\beta I}{R^*}\right)N(d_1)+$$

$$\left[\frac{1-\beta}{\delta}+\frac{\beta I}{R^*}+\left(\frac{1}{\delta}-\frac{I}{R^*}\right)\left(\frac{2a}{\sigma^2}-1\right)\right]N(d_2)\left(\frac{R^*}{R}\right)^{(2a/\sigma^2-1)}-$$

$$\frac{2}{\sigma\sqrt{t}}\left(\frac{1}{\delta}-\frac{I}{R^*}\right)\frac{\partial\ N(d_1)}{\partial\ d_1}=0 \tag{4-9}$$

4.5 流动性的投资机会集价值检验

4.5.1 时间段的选取

中国于2005年启动股权分置改革，至2006年底，国内基本完成股权分置改革，中国股市步入“股权分置改革后”时代。股权分置改革改变了中国之前的同股不同权、同股不同价的现象。与本书的研究视角和方法相对应，我们选择股权分置改革后，2006年到2011年的月数据作为研究对象，来寻找中国股市的投资机会集。具体时间区间选取2006年11月至2011年12月，其中，市场上涨期为2006年11月至2007年10月和2008年11月到2009年7月，下跌期为2007年11月至2008年10月，横盘期为2009年8月到2011年9月。在这一段时间内，既有上涨、下跌，又有盘整，这一期间出现了大牛市（2006年11月至2007年10月，见图4-1）、小牛市（2008年11月到2009年7月，见图4-3）、熊市（2007年11月至2008年10月，见图4-2）和盘整（2009年8月到2011年9月，见图4-4）。这些为我们提供了丰富的研究样本区间。

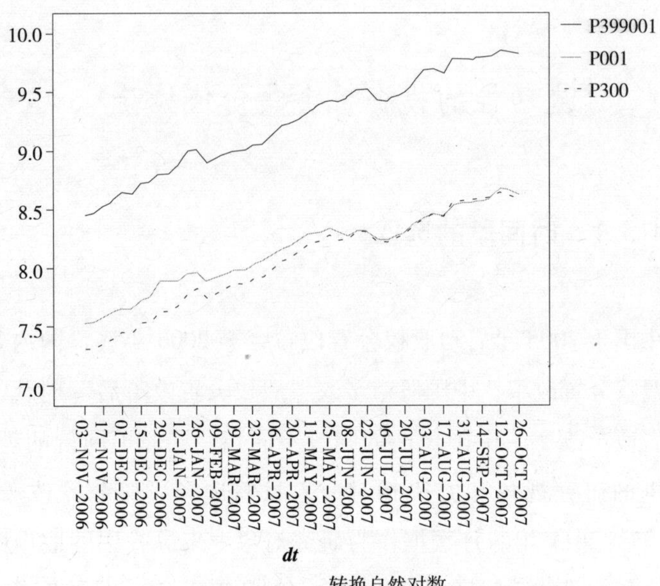

图 4-1　大牛市走势图

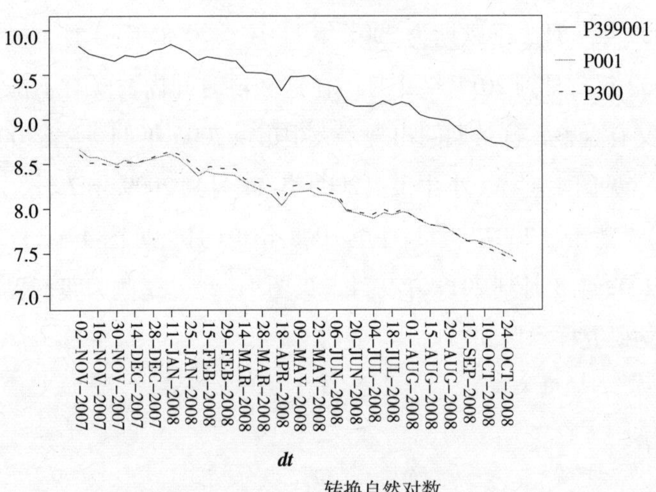

图 4-2　熊市走势图

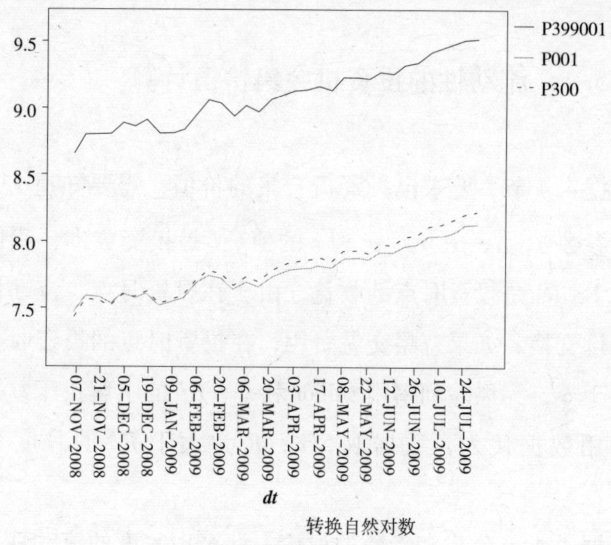

图 4－3　小牛市走势图

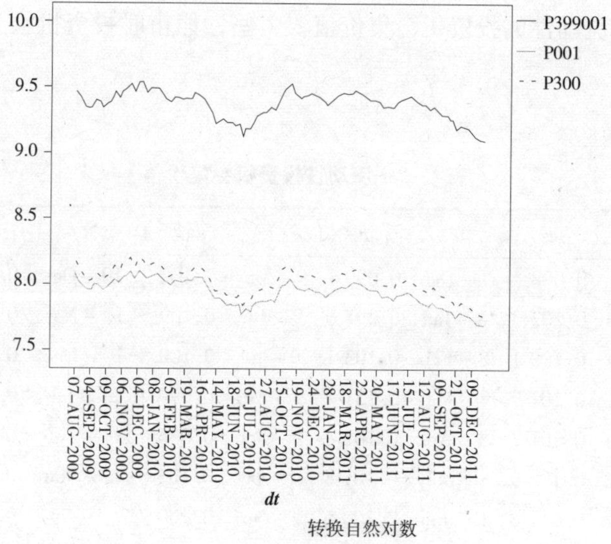

图 4－4　盘整走势图

4.5.2 流动性的投资机会集价值计算

根据4.4节，要求出投资机会集的价值，需要知道I、R_0的值以及参数δ、λ、ρ、r_f、σ和r的值。I是投资成本，我们可以设其为1，R_0是投资时点的收益，由于在投资时点，流动性与股票是等价交换，如果忽略交易费用，在投资时点的投资收益可以认为等于零，无风险利率用shibor利率，R^*的求解过于复杂，我们直接用数据代入，数据取5%，R为大于R^*的月度个股平均值。

根据4.4节公式和参数的讨论，计算出月度的流动性投资机会集价值，计算结果如表4－2和图4－5，从图4－5可以看出，牛市时流动性的投资机会集价值要大些，熊市时投资机会集价值小些。

表4－2 流动性投资机会集价值

t	F	t	F	t	F	t	F
6－Jul	0.098 4	7－Dec	0.099 1	9－May	0.102 2	10－Oct	0.100 3
6－Aug	0.102 3	8－Jan	0.097 0	9－Jun	0.109 5	10－Nov	0.101 6
6－Sep	0.100 1	8－Feb	0.103 1	9－Jul	0.100 8	10－Dec	0.104 6
6－Oct	0.101 7	8－Mar	0.151 1	9－Aug	0.099 4	11－Jan	0.097 9
6－Nov	0.101 3	8－Apr	0.102 4	9－Sep	0.086 0	11－Feb	0.105 6
6－Dec	0.100 9	8－May	0.101 8	9－Oct	0.103 8	11－Mar	0.095 2
7－Jan	0.097 6	8－Jun	0.100 6	9－Nov	0.100 7	11－Apr	0.099 9
7－Feb	0.097 8	8－Jul	0.100 2	9－Dec	0.100 2	11－May	0.099 9

(续上表)

t	F	t	F	t	F	t	F
7 - Mar	0.122 1	8 - Aug	0.097 7	10 - Jan	0.099 2	11 - Jun	0.101 6
7 - Apr	0.127 1	8 - Sep	0.102 1	10 - Feb	0.087 5	11 - Jul	0.082 5
7 - May	0.109 3	8 - Oct	0.104 4	10 - Mar	0.093 7	11 - Aug	0.086 7
7 - Jun	0.111 3	8 - Nov	0.097 4	10 - Apr	0.105 7	11 - Sep	0.090 6
7 - Jul	0.099 6	8 - Dec	0.100 7	10 - May	0.094 0	11 - Oct	0.094 1
7 - Aug	0.110 3	9 - Jan	0.101 3	10 - Jun	0.097 1	11 - Nov	0.100 0
7 - Sep	0.103 6	9 - Feb	0.100 4	10 - Jul	0.105 6	11 - Dec	0.087 7
7 - Oct	0.135 5	9 - Mar	0.090 4	10 - Aug	0.101 1		
7 - Nov	0.091 5	9 - Apr	0.100 5	10 - Sep	0.088 4	Total	0.100 8

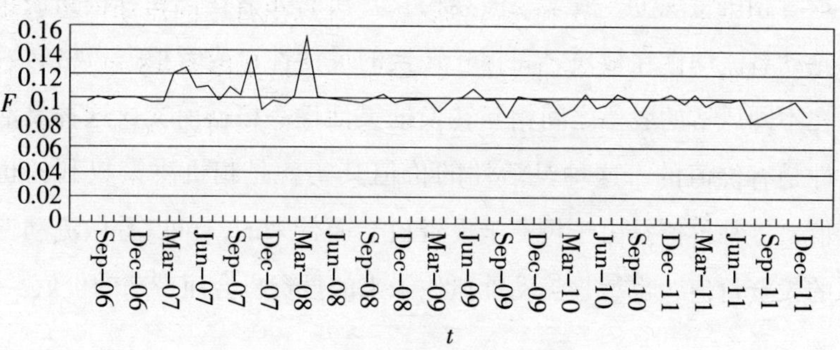

图4-5 流动性投资机会集价值

5　开放式基金流动性的价值

开放式基金持有的超额流动性（超过用于赎回的流动性）赋予其相机决策的灵活性，比如，在市场行情好时增加对股票资产的投资，市场行情不好时减少对股票资产的投资，增加对债券的投资，或者直接持有现金。其实，基金的流动性就是给予基金管理者相机将现金、股票、债券相互转换的灵活性；或者根据板块轮动将流动性在板块之间相互转换的灵活性；或者根据风格转换在不同风格的股票之间相互转换的灵活性。根据前文，这种灵活性是有价值的，这种灵活性的价值其实就是相机决策权利的价值，这种价值是由于投资于投资机会而带来的，可以看做流动性的投资价值，也就是流动性抓住未来的投资机会而带来的价值。

5.1　流动性投资期权定价模型的假设

由于本书研究的目的是借鉴期权定价的基本原理和思路对流动性价值进行评估，因此，我们除了参照期权定价模型中的概念和假设条件外，又结合流动性投资期权价值的特征，增加如下假设：

假设一：动态性假设。

股票价格变动过程、证券市场的特征和基金的投资行为可以说均具有动态性特征。

基金管理者会根据投资环境的变化情况适时调整资产组合头寸，而不是一成不变地将期初构建的资产组合保持到投资计划期末。因此，基金的投资行为是动态多期的。

影响股票价格的因素多数具有不确定性，特别是当经济体系（包块政治、经济、行业和公司运行等方面）出现较大的变动时，股票价格往往会偏离正常波动的轨迹，出现异常现象和不确定性特征。

由于证券价格的变动范围可能很大，而证券市场上发行股票的公司数量相对有限，这使得市场上发行的公司证券数量往往远小于证券价格的状态空间，“时间—事件”偶发性权益的资产组合通常不能仅凭市场上公司股票复制出，证券市场就常常表现出不完备性，不完备性市场意味着总有一些可能状态无法对投资者的消费或财富进行保险或保值。股票市场的重新开放性为投资者提供了一个可以连续交易的机会，投资者可以通过动态调整其投资组合，以实现消费或财富的保险和增值。

因此，股票价格、基金的投资行为是动态的，投资机会集也是动态的，股票价格的动态特征决定了开放式基金的流动性具有一个动态性的投资机会集。

由于投资机会集的动态特征，投资机会（或最佳投资机会）可能稍纵即逝。基金持有流动性，掌握对最佳投资时机的灵活选择权。在这种情况下，流动性与投资具有动态的关系，流动性与投资机会存在一个动态的关系。

假设二：风险中性假设。

风险中性假设是无套利均衡定价技术的基本假设，也是期权定价的基本假设之一。该假设的意思是：在风险中性的世界里，所有市场参与者都是风险中性的，那么，所有的资产不会因风险不同而收益不同，所有资产预期的未来价值用无风险利率折现得到的现值是其目前的市场均衡价格。风险中性的假设使期权定价问题得到了前所未有的简化，通过风险中性假设，可以得到等价鞅测度，然后就可以很容易地计算出期权的价值。

假设三：股票价格和流动性遵循式 5－1 和式 5－2 所描述的几何布朗运动：

$$dS = (\mu_s - \delta_s)Sdt + \sigma_s Sdz_s \quad (5-1)$$

$$dL = (\mu_l - \delta_l)Ldt + \sigma_l Ldz_l \quad (5-2)$$

其中，μ_s、μ_l，σ_s、σ_l 是常数，μ_s、μ_l 为股票和流动性的预期收益率，σ_s、σ_l 是股票和流动性的波动率，dz 为维纳过程。μ_s、μ_l，σ_s、σ_l 均为常数。根据伊藤原理，S 和 L 服从对数正态分布，并且建立在 S 和 t 以及 L 和 t 上的期权价值均服从伊藤过程。

假设四：整个资本市场机会无限，投资始终不饱和。

假设整个资本市场的规模足够大，投资机会足够多，能够让基金的流动性资产找到合适的投资机会。如果基金持有流动性而投资于股票，说明基金认为目前的投资机会并不是最好的，而不是因找不到投资机会而被动持有流动性。

假设五：基金是用持有的流动性来应对投资机会的，而不是卖出资产筹集资金来应对投资机会。

由于股票型开放式基金的投资对象主要是股票，流动性的投资机会也是股票。所以，如果有投资机会，基金不会卖出股票筹集流动性，而是用持有的流动性购买股票。另外，如果卖出股票，则卖出的价格不一定是理想的价格，而且卖出股票还需要支付一定的费用，再考虑到资本市场上的投资机会是稍纵即逝的，所以卖出股票筹集资金再买股票对基金来说可能不是收益最大化的。因此，我们假设基金是用持有的流动性来应对投资机会。

假设六：不能买空卖空。

中国股市是单边市，虽然最近推出了融资融券，但可融券的数量和规模还很有限。从更一般的意义上来讲，假设不能买空卖空比较符合实际。

5.2 流动性投资期权定价模型的建立

5.2.1 模型建立

郑凌云（2007）比较了受流动性约束的公司和无流动性约束的公司持有的投资机会价值的大小，认为受流动性约束的公司的投资机会价值相对较小，因为公司由于流动性不足，不能抓住“等待的价值”，也难以避免“等待的损失”。在其他条件一致的情况下，公司持有的投资机会价值因是否受流动性约束而不同，二者之间的差异就可以理解为公司持有的流动性期权价值（L）：

$$L = F^{u}(V) - F^{c}(V,L)$$

其中，F^{u}（V）是无流动性约束公司持有的投资期权价值，F^{c}（V，L）是受流动性约束公司的投资期权价值。

这样，流动性期权价值的大小就取决于此投资机会对流动性的依赖程度。对流动性依赖程度越高，流动性价值就越大。当投资完全依赖流动性时，流动性期权价值就是投资机会的价值。

如果开放式基金能以自身的流动性资金来支持投资机会，则如同拥有一个能在任意时间执行的美式看涨期权，也就是说，在没有外部融资情况下，开放式基金买卖股票可以完全依赖流动性，流动性期权价值就是一个可在任意时间实施的投资机会的价值。当投资机会到来时，开放式基金如果持有充足的流动性，则可以立即执行期权（郑凌云，2007）。但是，如果流动性不足，则开放基金需要卖出持有的股票来凑足流动性，而卖出股票不一定能在最好的卖出时机，因为股票的价格不一定达到了理想的价格，这样，卖出股票筹集流动性就有可能会损失一定的买卖价差。另外，还要支付一定的交易成本，由于股票的价格瞬时变动，凑足流动性时，也许最好的买入时机已经丧失，所以，卖出股票获取流动性，对开放式基金来说并不可取。我们假设开放式基金只用持有的流动性来抓住未来出现的投资机会，卖出资产不受投资机会的影响，完全根据持有的股票价格的变动情况。这样，流动性的投资期权价值就是可以随时执行的美式期权了。

从上面的分析可以看出，开放式基金流动性投资期权涉及的是开放式基金持有的流动性资产中没有投资出去的部分。从开放式基金的资产负债表来看，开放式基金的资产有银行存款、结算备付金、存出保证金、交易性金融资产（股票投资、债券投资、资产支持证券、基金投资、票据投资、其他衍生金融资产）、买入返售金融资产、应收证券清算款、应收利息、应收股利、应收申购款、其他资产等。其中，可随时用于支付的资产是银行存款、结算备付金和存出保证金，这部分资金可以看做开放式基金为了抓住未来的投资机会而持有的流动性。从表 5－1 中可以看出开放式基金持有的流动性占资产总额的比例均值是 13.21%，减去 5% 用于应对投资者赎回的流动性，股票型开放式基金大约持有资产总额 8.21% 的流动性用于应对未来出现的投资机会，我们将其称为开放式基金持有的超额流动性，即开放式基金持有的超过用于应对投资者赎回需求的流动性，由于流动性的收益一般小于股票或债券的收益，开放式基金持有这部分流动性的主要目的是抓住未来出现的投资机会，以最大化开放式基金投资者的收益。

从表 5－1 中我们可以看出，在市场行情好时，开放式基金持有的流动性会多些。在市场行情不好时，流动性持有量会少些。这可能是因为市场行情好时，投资机会会多一些的原因。

表 5-1 基金持有流动性的比例

时间	均值	标准差
2006-06	0.137 017	0.077 67
2006-12	0.195 642	0.173 177
2007-06	0.206 751	0.127 514
2007-12	0.167 163	0.156 952
2008-06	0.107 237	0.095 251
2008-12	0.095 293	0.070 927
2009-06	0.084 593	0.078 342
2009-12	0.107 188	0.099 939
2010-06	0.149 429	0.159 579
2010-12	0.101 868	0.104 788
2011-06	0.101 683	0.114 681
合计	0.132 169	0.124 737

数据来源：国泰安数据库。

开放式基金之所以持有超额流动性，是为了通过未来再投资而获得比现在更好的收益率。从开放式基金投资组合的角度来看，开放式基金持有的超额流动性也是投资组合的一个组成部分，同样具有盈利性，而且根据前文关于开放式基金流动性投资期权的分析，开放式基金持有的超额流动性可以视为一份投资期权，流动性投资期权体现了流动性的灵活性价值。于是，开放式基金持有的超额流动性资产与持有其他盈利性资产的区别只存在于资产形式上，在本质上是没有区别的。因此，可以通过在未来某个时刻将流动性转化为其他盈利性资产来体现，或者说通过抓住未来的投资机会来体现开放式基金流动性投资期权的价值：当市场出现的投资机会的预期收益高于超额流动性资产收益时，开放式基金便会选择将持有的超额流动性投资出去，否则继续持有超额流动性。虽然流动性期权的表现形式多种多样，但从根本上说，任何一种流动性期权都可以通过在不同市场状态下运行模式的转换来表示或描述。这种模式可以是投资或不投资、继续运行、停产或放弃等，其最原始、最直接的特征就是一种资产与另一种资产的转换。在流动性投资期权中，是以流动性支持的投资成本与投资机会价值之间的转换，这是一种新型期权（exotic option）——交换期权（exchange option）。用于交换的两种资产的“红利”实际上就是两种资产的持有成本，这其中包含了流动性的持有成本。因此，我们可以在交换期权定价模型的基础上重新讨论流动性投资期权定价的框架（郑凌云，2007）。

根据前文对投资机会集的讨论，开放式基金先持有充足的流动性，当出现投资机会时开放式基金用持有的流动性投资于投资机会。由于假设不能买空卖空，开放式基金需要先买后卖，也就是持有流动性先抓住买入机会，等卖出机会出现时再卖出股票。我们假设存在三个时点 t_0、t_1、t_2，在当前时点 t_0，开放式基金持有超额流动性；在时点 t_1，买入的投资机会到来，开放式基金买入股票；在时点 t_2，卖出的投资机会到来，开放式基金卖出股票。

开放式基金持有的超额流动性的价值，其实也就是在 t_1 时刻出现的投资机会的价值折现到 t_0 时刻。开放式基金投资机会的价值可以看做 t_2 时刻卖出股票获得的收益在 t_1 时刻的现值，即 $F = qe^{-r_F(t_2-t_1)}S_2$，$r_F$ 是投资机会的收益率。

根据以上分析，开放式基金持有的超额流动性隐含的流动性，投资期权是一份交换期权，该期权的支付为：

$$V = \max(F - L_1, 0) \tag{5-1}$$

其中，V 为开放式基金流动性投资期权的支付，max 为最大值函数，L_1 为 t_1 时刻开放式基金持有的超额流动性资产，是开放式基金能随时用于抓住未来投资机会的流动性资产，F 为开放式基金流动性投资机会在 t_1 时刻的价值。式（5-1）意味着，当 $F > L_1$ 时，选择执行期权，获得支付 $F - L_1$，否则不执行，获得支付 0，也就是：

$$V = \max(F - L_1, 0) = \begin{cases} F - L_1, 当 F > L_1 \\ 0, 当 F < L_1 \end{cases} \tag{5-2}$$

在时刻 t_0，开放式基金持有的超额流动性的价值就是：

$$\begin{aligned} E(L_0) &= pe^{-r_v(t_1-t_0)}V + (1-p)e^{-r_l(t_1-t_0)}L_1 \\ &= pe^{-r_v(t_1-t_0)}\left\{\hat{E}[\max(F - L_1, 0)]\right\} \\ &\quad + (1-p)e^{-r_l(t_1-t_0)}L_1 \end{aligned} \tag{5-3}$$

其中，L_1 为基金持有的超额流动性在 t_1 时的价值，p 为在 t_0 时刻，投资机会出现的概率，r_l 为流动性的收益率。

式（5-1）描述的 $\max(F - L_1, 0)$ 是交换期权，也即开放式基金持有的超额流动性的选择权的支付。这种选择权允许开放式基金在未来某个时刻将流动性转换为其他盈利性资产，体现了超额流动性资产的灵活性价值。交换期权既可以看做多头期权也可以看做空头期权。

关于 L_1，根据前面对流动性投资期权的假设，如果超额流动性资产按照某个固定的收益率增长（比如按照开放式基金流动性资产的平均收益率增长），则 L_1 的值容易得到，在不考虑流动性期权价值的情况下，开放式基金也能获得的收益。下面主要讨论交换期权价值的确定。

可以假定 $\max(F-L_1, 0)$ 是欧式期权或美式期权，根据 Margrabe（1978）提出的期权定价模型，则 $\max(F-L_1, 0)$ 是欧式期权时，与它是美式期权时的价值是相等的，Margrabe（1978）也证明了这一点。我们采用 Margrabe（1978）提出的交换期权定价方法估值开放式基金流动性投资期权。

假设 F 和 L 的值服从几何布朗运动，在时刻 t_0，$\max(F-L_1,$ $0)$ 所描述的交换期权的价值可表示为：

$$\hat{E}[\max(F-L_1,0)] = (Fe^{-r_F(t_1-t_0)}N(d_1) - L_1e^{-r_l(t_1-t_0)}N(d_2)) \tag{5-4}$$

其中，

$$d_1 = \frac{\ln(F/L_1) + (r_l - r_F + \sigma^2/2)(t_1 - t_0)}{\sigma\sqrt{(t_1 - t_0)}},$$

$$d_2 = d_1 - \sigma\sqrt{(t_1 - t_0)},$$

$$\sigma = \sqrt{\sigma_v^2 + \sigma_l^2 - 2\rho\sigma_1\sigma_l}.$$

$N(.)$ 为一维标准正态分布，σ_F 和 σ_l 分别是 F 和 L 的波动率，ρ 为 F 和 L 的瞬时相关系数。则有：

$$\begin{aligned} & E(L_0) \\ & = pe^{-r_F(t_1-t_0)}V + (1-p)e^{-r_l(t_1-t_0)}L_1 \\ & = pe^{-r_F(t_1-t_0)}\left\{\hat{E}[\max(F - L_1, 0)]\right\} + (1-p)e^{-r_l(t_1-t_0)}L_1 \quad (5-5) \\ & = p[Fe^{-r_F(t_1-t_0)}N(d_1) - L_1e^{-r_l(t_1-t_0)}N(d_2)] + (1-p)e^{-r_l(t_1-t_0)}L_1 \end{aligned}$$

其中，

$$d_1 = \frac{\ln(F/L_1) + (r_l - r_F + \sigma^2/2)(t_1 - t_0)}{\sigma\sqrt{(t_1 - t_0)}},$$

$$d_2 = d_1 - \sigma\sqrt{(t_1 - t_0)}.$$

5.2.2 重要变量和参数讨论

1. F 和 L_1

F 就是投资机会集的价值，是基金通过支付执行价格（即买入股票实施投资）而收到的价值。假设 F 服从几何布朗运动过程，如式（5-6）、(5-7)。L_1 是投资期权的执行价格，是基金在 t_1 时刻购买股票所需要的资金数量。如 F 一样，假设 L_1 也服从几何布朗运动，由前文分析可知，虽然是用流动性购买股票，但执行价格实际上是股票的价格，所以，执行价格服从式（5-7）的几何布朗运动。

$$dF/F = r_F dt + \sigma_F dz_F \tag{5-6}$$

$$dL/L = r_L dt + \sigma_L dz_L \tag{5-7}$$

在 t_1 时刻，可以认为一单位的超额流动性 L_1 可以交换到一单位的股票 S_1，这些股票的预期价值 $F \geqslant S_1$，设 $L_1 = 1$，即一单位的超额流动性。

2. r_F 和 r_l

r_F 是投资机会的预期回报率。根据前文分析，基金的投资机会主要是股票资产，根据第四章对投资机会集的分析，这些流动性资产主要是用于抓住投资机会，所以，r_F 可以用第四章测算出来的投资机会集的收益率。

表5-2　投资机会集的平均回报率

t	r	t	r	t	r	t	r
Jul-06	0.154 359	Dec-07	0.208 652	May-09	0.147 468	Oct-10	0.154 174
Aug-06	0.124 88	Jan-08	0.157 195	Jun-09	0.195 541	Nov-10	0.158 846
Sep-06	0.174 684	Feb-08	0.137 305	Jul-09	0.189 381	Dec-10	0.128 437
Oct-06	0.130 723	Mar-08	0.276 419	Aug-09	0.168 68	Jan-11	0.146 247

(续上表)

t	r	t	r	t	r	t	r
Nov - 06	0.150 826	Apr - 08	0.182 567	Sep - 09	0.146 297	Feb - 11	0.122 914
Dec - 06	0.177 228	May - 08	0.141 19	Oct - 09	0.143 094	Mar - 11	0.132 162
Jan - 07	0.262 53	Jun - 08	0.176 517	Nov - 09	0.181 167	Apr - 11	0.128 114
Feb - 07	0.228 335	Jul - 08	0.145 097	Dec - 09	0.132 618	May - 11	0.147 24
Mar - 07	0.236 329	Aug - 08	0.138 968	Jan - 10	0.133 422	Jun - 11	0.115 749
Apr - 07	0.359 69	Sep - 08	0.121 12	Feb - 10	0.114 244	Jul - 11	0.138 055
May - 07	0.236 352	Oct - 08	0.140 238	Mar - 10	0.130 376	Aug - 11	0.139 842
Jun - 07	0.217 895	Nov - 08	0.217 108	Apr - 10	0.124 284	Sep - 11	0.132 933
Jul - 07	0.261 63	Dec - 08	0.185 882	May - 10	0.123 353	Oct - 11	0.119 694
Aug - 07	0.209 332	Jan - 09	0.176 738	Jun - 10	0.112 05	Nov - 11	0.102 744
Sep - 07	0.195 97	Feb - 09	0.165 123	Jul - 10	0.162 258	Dec - 11	0.127 849
Oct - 07	0.244 485	Mar - 09	0.232 772	Aug - 10	0.144 968		
Nov - 07	0.149 384	Apr - 09	0.178 712	Sep - 10	0.141 644	Total	0.179 544

r_l 是超额流动性的预期回报率，由于基金的超额流动性资产主要以银行存款、结算备付金和交易保证金形式持有，这些资金如果不以流动性资产的形式持有，则可以为基金带来与其他基金资产相同的收益。所以，r_l 用每支基金的月度净值收益率来表示。由于我们的研究对象是股票型开放式基金，选择在 2006 年之前成立的并持续存在至 2011 年 12 月 31 号的股票型开放式基金。经过筛选，这样的基金共有 41 只，基金代码见表 5 - 3：

表 5-3 筛选出的股票型开放式基金代码

基金代码	基金代码	基金代码	基金代码	基金代码	基金代码	基金代码
000001	090003	233001	460001	050001	161601	260101
002001	100020	240001	481001	050002	162102	260104
040001	110002	240005	510081	050004	162201	288002
040002	151001	257020	519001	070002	162202	310328
080001	162204	360001	398001	070003	162203	320003
090001	519005	519011	519996	530001	200002	

表 5-4 r_l 的均值

t	r_l mean	t	r_l mean	t	r_l mean	t	r_l mean
2006-07	-0.061 07	2007-12	0.088 877	2009-05	0.034 868	2010-10	0.073 309
2006-08	0.018 167	2008-01	-0.107 13	2009-06	0.098 409	2010-11	-0.002 04
2006-09	0.051 389	2008-02	0.000 086	2009-07	0.127 922	2010-12	-0.011 37
2006-10	0.015 505	2008-03	-0.151 52	2009-08	-0.190 61	2011-01	-0.059 38
2006-11	0.119 69	2008-04	0.002 735	2009-09	0.051 759	2011-02	0.053 241
2006-12	0.094 756	2008-05	-0.056 93	2009-10	0.072 149	2011-03	-0.031 84
2007-01	0.005 198	2008-06	-0.148 27	2009-11	0.065 836	2011-04	-0.025 13
2007-02	-0.034 24	2008-07	0.005 462	2009-12	0.009 736	2011-05	-0.052 67
2007-03	-0.009 43	2008-08	-0.114 92	2010-	-0.087 37	2011-06	0.026 362
2007-04	0.136 753	2008-09	-0.056 77	2010-02	0.026 138	2011-07	0.000 059
2007-05	0.030 959	2008-10	-0.185 57	2010-03	0.000 661	2011-08	-0.023 06
2007-06	-0.007 49	2008-11	0.070 693	2010-04	-0.046 79	2011-09	-0.089 09
2007-07	0.113 485	2008-12	0.005 535	2010-05	-0.046 03	2011-10	0.022 814
2007-08	0.053 95	2009-01	0.062 533	2010-06-03	-0.063 36	2011-11	-0.031 28
2007-09	0.027 027	2009-02	0.031 568	2010-07-03	0.088 719	2011-12	-0.067 14

(续上表)

t	r_l mean	t	r_l mean	t	r_l mean	t	r_l mean
2007－10	－0. 035 77	2009－03	0. 121 139	2010－08－03	0. 052 384		
2007－11	－0. 169 65	2009－04	0. 043 906	2010－09－03	0. 018 917	Total	－0. 00043

3. σ_F，σ_l 和 ρ

σ_F 和 σ_l 是 F 和 L 的变化率的标准差，用来表示 F 和 L 的波动性，ρ 是 F 和 L 之间的相关系数。L 是基金持有的银行存款、交易保证金和清算备付金等，我们假设这些资金如果不以超额流动性的形式持有，可以获得与基金其他资产同样的收益率，其波动率也用基金净收益率的波动率来表示。ρ 是 F 和 L 之间的相关系数，在样本所包含的时间段内，二者之间的相关系数是 0. 283 3，并且在 5% 的水平上显著。由于 $\sigma=\sqrt{\sigma_F^2+\sigma_l^2-2\rho\sigma_F\sigma_l}$，则有：

表 5－5　σ_F 的均值

t	σ_F	t	σ_F	t	σ_F	t	σ_F
Jul－06	0. 124 98	Dec－07	0. 132 08	May－09	0. 093 39	Oct－10	0. 109 38
Aug－06	0. 075 70	Jan－08	0. 148 63	Jun－09	0. 777 36	Nov－10	0. 103 36
Sep－06	0. 159 65	Feb－08	0. 083 63	Jul－09	0. 130 55	Dec－10	0. 073 21
Oct－06	0. 082 87	Mar－08	0. 765 54	Aug－09	0. 147 23	Jan－11	0. 115 69
Nov－06	0. 100 02	Apr－08	0. 573 07	Sep－09	0. 342 60	Feb－11	0. 066 42
Dec－06	0. 115 59	May－08	0. 090 84	Oct－09	0. 084 82	Mar－11	0. 109 14
Jan－07	0. 166 72	Jun－08	0. 143 81	Nov－09	0. 111 00	Apr－11	0. 085 84

（续上表）

t	σ_F	t	σ_F	t	σ_F	t	σ_F
Feb – 07	0. 142 59	Jul – 08	0. 101 30	Dec – 09	0. 089 28	May – 11	0. 104 63
Mar – 07	0. 368 75	Aug – 08	0. 106 47	Jan – 10	0. 093 83	Jun – 11	0. 067 89
Apr – 07	0. 298 04	Sep – 08	0. 072 63	Feb – 10	0. 111 21	Jul – 11	0. 322 78
May – 07	0. 208 53	Oct – 08	0. 081 22	Mar – 10	0. 113 28	Aug – 11	0. 221 19
Jun – 07	0. 255 86	Nov – 08	0. 130 84	Apr – 10	0. 067 24	Sep – 11	0. 138 87
Jul – 07	0. 172 40	Dec – 08	0. 123 26	May – 10	0. 100 13	Oct – 11	0. 094 11
Aug – 07	0. 278 04	Jan – 09	0. 098 10	Jun – 10	0. 074 41	Nov – 11	0. 052 92
Sep – 07	0. 182 57	Feb – 09	0. 119 26	Jul – 10	0. 077 62	Dec – 11	0. 146 03
Oct – 07	0. 802 32	Mar – 09	0. 121 65	Aug – 10	0. 096 83	Total	0. 212 34
Nov – 07	0. 200 97	Apr – 09	0. 293 19	Sep – 10	0. 202 95		

表 5 – 6　σ_l 的值

t	*rlsd*	t	*rlsd*	t	*rlsd*	t	*rlsd*
2006 – 07	0. 064 577	2007 – 12	0. 032 444	2009 – 05	0. 025 816	2010 – 10	0. 035 959
2006 – 08	0. 054 729	2008 – 01	0. 085 419	2009 – 06	0. 035 218	2010 – 11	0. 044 138
2006 – 09	0. 015 151	2008 – 02	0. 046 493	2009 – 07	0. 051 272	2010 – 12	0. 015 459
2006 – 10	0. 039 786	2008 – 03	0. 040 131	2009 – 08	0. 036 853	2011 – 01	0. 036 533
2006 – 11	0. 077 915	2008 – 04	0. 113 123	2009 – 09	0. 053 806	2011 – 02	0. 018 886
2006 – 12	0. 179 076	2008 – 05	0. 035 341	2009 – 10	0. 019 227	2011 – 03	0. 023 58
2007 – 01	0. 234 73	2008 – 06	0. 032 191	2009 – 11	0. 020 231	2011 – 04	0. 026 981
2007 – 02	0. 153 813	2008 – 07	0. 023 976	2009 – 12	0. 023 129	2011 – 05	0. 012 624
2007 – 03	0. 181 645	2008 – 08	0. 033 866	2010 – 01	0. 046 823	2011 – 06	0. 013 2
2007 – 04	0. 151 889	2008 – 09	0. 029 751	2010 – 02	0. 009 641	2011 – 07	0. 016 263
2007 – 05	0. 209 413	2008 – 10	0. 067 451	2010 – 03	0. 052 646	2011 – 08	0. 013 85

（续上表）

t	*rlsd*	*t*	*rlsd*	*t*	*rlsd*	*t*	*rlsd*
2007－06	0.078 936	2008－11	0.069 878	2010－04	0.022 85	2011－09	0.017 081
2007－07	0.141 392	2008－12	0.086 468	2010－05	0.021 223	2011－10	0.039 154
2007－08	0.202 009	2009－01	0.033 425	2010－06	0.016 131	2011－11	0.020 542
2007－09	0.124 12	2009－02	0.016 326	2010－07	0.023 209	2011－12	0.021 298
2007－10	0.168 31	2009－03	0.031 936	2010－08	0.021 764		
2007－11	0.154 966	2009－04	0.016 698	2010－09	0.039 492	Total	0.110 268

表5－7　σ的值

t	σ	*t*	σ	*t*	σ	*t*	σ
2006－07	0.123 35	2007－12	0.126 8	2009－05	0.089 6	2010－10	0.105 0
2006－08	0.079 86	2008－01	0.149 0	2009－06	0.768 1	2010－11	0.100 2
2006－09	0.156 03	2008－02	0.083 4	2009－07	0.126 0	2010－12	0.070 4
2006－10	0.081 13	2008－03	0.755 1	2009－08	0.141 3	2011－01	0.111 0
2006－11	0.107 98	2008－04	0.551 8	2009－09	0.331 4	2011－02	0.063 7
2006－12	0.183 58	2008－05	0.087 6	2009－10	0.081 5	2011－03	0.104 9
2007－01	0.246 41	2008－06	0.138 2	2009－11	0.107 0	2011－04	0.082 4
2007－02	0.177 66	2008－07	0.097 3	2009－12	0.085 6	2011－05	0.101 8
2007－03	0.361 97	2008－08	0.102 2	2010－01	0.092 2	2011－06	0.065 4
2007－04	0.293 68	2008－09	0.070 3	2010－02	0.108 9	2011－07	0.318 6
2007－05	0.250 19	2008－10	0.089 7	2010－03	0.110 6	2011－08	0.217 7
2007－06	0.245 46	2008－11	0.129 7	2010－04	0.064 6	2011－09	0.135 0
2007－07	0.189 48	2008－12	0.129 0	2010－05	0.096 3	2011－10	0.091 1
2007－08	0.293 75	2009－01	0.094 3	2010－06	0.071 5	2011－11	0.051 1
2007－09	0.189 46	2009－02	0.115 7	2010－07	0.074 4	2011－12	0.141 5
2007－10	0.771 71	2009－03	0.116 7	2010－08	0.093 0		0.000 0
2007－11	0.216 24	2009－04	0.288 9	2010－09	0.195 5	Total	0.209 7

5.3　基于流动性投资期权的流动性价值的确定

根据上文对基金流动性投资期权模型的建立和参数的讨论，我们在本节计算流动性投资期权的价值，流动性在不同的市场状态下的投资机会不同。因此，其流动性投资期权的价值也不同，流动性投资机会集的价值对每支基金都是一样的，我们分别在不同的市场状态讨论流动性投资期权的价值；相同的流动性，由于基金管理者等方面的不同，流动性的价值也会不同，所以，对流动性的估算是分基金分市场的状态来计算的，先算出流动性投资期权的价值 V，再计算流动性的价值 $E(L_0)$，结果见表 5－8 和图 5－1。从图 5－1 中可以看出，在牛市时流动性价值会高一些，在熊市时流动性价值会低一些。

表 5－8　按基金代码计算的流动性价值的平均值

代码	流动性值	代码	流动性值	代码	流动性值	代码	流动性值
000001	1.026 978	090003	1.027 906	233001	1.025 187	460001	1.028 117
002001	1.022 129	100020	1.030 701	240001	1.027 383	481001	1.028 532
004001	1.027 892	110002	1.027 12	240005	1.030 031	510081	1.027 586
004002	1.030 576	151001	1.027 726	257020	1.028 416	519001	1.030 393
050001	1.027 254	161601	1.026 353	260101	1.026 544	519005	1.026 634
050002	1.030 133	162102	1.025 516	260104	1.028 545	519011	1.027 761
050004	1.028 263	162201	1.026 046	288002	1.030 108	519996	1.028 466

（续上表）

代码	流动性值	代码	流动性值	代码	流动性值	代码	流动性值
070002	1.025 388	162202	1.030 629	310328	1.026 487	530001	1.025 948
070003	1.024 558	162203	1.027 848	320003	1.027 697		
080001	1.025 561	162204	1.028 552	360001	1.030 532	Total	1.027 779
090001	1.028 39	200002	1.031 458	398001	1.027 576		

表 5－9　按时间平均的流动性价值

时间	流动性值	时间	流动性值	时间	流动性值	时间	流动性值
2006－07	1.010 015	2007－12	1.019 451	2009－04	1.044 305	2010－09	1.035 415
2006－08	1.033 789	2007－12	1.017 78	2009－05	1.025 995	2010－10	1.034 264
2006－09	1.025 793	2008－01	1.007 723	2009－06	1.132 907	2010－11	1.015 514
2006－10	1.028 522	2008－02	1.022 08	2009－07	1.033 506	2010－12	1.021 535
2006－11	1.054 1	2008－03	1.076 541	2009－08	1.001 924	2011－01	1.010 433
2006－12	1.040 969	2008－04	1.086 357	2009－09	1.064 041	2011－02	1.048 094
2007－01	1.010 415	2008－05	1.010 068	2009－10	1.039 739	2011－03	1.016 37
2007－02	1.006 461	2008－06	1.002 702	2009－11	1.020 395	2011－04	1.018 118
2007－03	1.039 379	2008－07	1.020 053	2009－12	1.025 081	2011－05	1.009 607
2007－04	1.017 851	2008－08	1.005 044	2010－01	1.007 899	2011－06	1.039 527
2007－05	1.021 476	2008－09	1.013 781	2010－02	1.035 896	2011－07	1.051 559
2007－06	1.022 263	2008－10	1.001 361	2010－03	1.025 142	2011－08	1.029 668
2007－07	1.015 517	2008－11	1.013 632	2010－04	1.014 968	2011－09	1.010 073
2007－08	1.043 005	2008－12	1.012 837	2010－05	1.014 977	2011－10	1.034 321
2007－09	1.022 4	2009－01	1.020 614	2010－06	1.013 553	2011－11	1.025 472
2007－10	1.105 721	2009－02	1.020 118	2010－07	1.033 601	2011－12	1.014 506
2007－11	1.010 101	2009－03	1.013 131	2010－08	1.031 872	Total	1.027 779

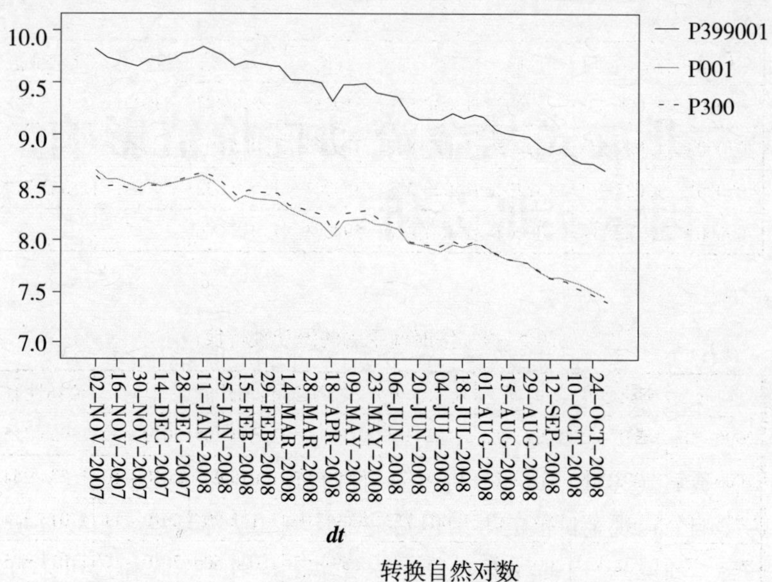

转换自然对数

表 5－1　基股票型开放式基金流动性价值

6 开放式基金流动性价值影响因素实证分析

6.1 影响开放式基金流动性价值的因素分析

奚宾（2011）详细分析了公司持有现金价值的影响因素，认为影响公司现金价值的因素包括外部环境（法律环境、市场环境和融资环境），内部环境（公司治理水平、财务状况和公司持有现金水平）等因素。

表6－1 公司现金价值影响因素

<table>
<tr><td colspan="4">外部因素</td><td colspan="4">内部因素</td></tr>
<tr><td>因素</td><td>影响范围</td><td>影响方向</td><td>价值曲线变动情况</td><td>因素</td><td>影响范围</td><td>影响方向</td><td rowspan="5">曲线整体移动</td></tr>
<tr><td>法律环境</td><td>整体层面</td><td>正向</td><td rowspan="5">曲线整体移动</td><td>公司治理</td><td>公司层面</td><td>正向</td></tr>
<tr><td>市场环境</td><td>整体层面</td><td>正向</td><td>财务</td><td>公司层面</td><td>不定</td></tr>
<tr><td rowspan="3">融资约束</td><td rowspan="3">公司层面</td><td rowspan="3">负向</td><td>经营</td><td>公司层面</td><td>正向</td></tr>
<tr><td>其他</td><td></td><td></td></tr>
<tr><td>流动性持有量</td><td>公司层面</td><td>复杂</td><td>曲线上点的移动</td></tr>
</table>

资料来源：根据奚宾（2011）年文献整理。

奚宾（2011）认为，影响公司现金价值的主要因素有外部因素和内部因素，外部因素包括外部环境和融资约束。在外部环境较差的国家里，即使公司持有大量的现金，也会由于缺乏好的投资机会而减低现金的价值；融资约束主要是由公司内部因素引起的，经营风险较大的公司，融资约束较高，这就使得公司不得不较多地依赖内源融资，但一定程度的融资约束会促使企业合理利用资金，减少代理成本，从而提高公司现金的价值。影响公司现金价值的内部因素主要包括公司治理方面的因素、公司财务因素、公司经营因素及公司现金持有量。管理良好的公司能够充分利用公司持有的现金，使现金价值最大化，显著提高公司价值；公司财务状况对现金价值的影响比较复杂，各个财务指标对现金价值的影响也不一致，如资产负债率较低的公司。由于公司的融资能力强，在资本市场中容易获得融资，或者公司现金积累比较多，这可能由于代理成本而降低公司现金价值，当负债率上升并超这某个临界值时，公司现金持有就会相对较少，管理层可能会充分有效地发挥现金的价值，从而提高现金价值，若负债率连续上升至某一临界值时，公司的息税前收益不足以支付利息，则可能导致公司的财务危机，使公司现金流不足以偿还到期债务，严重情况下可能使公司破产倒闭，此时，即使公司持有少量现金，其现金价值也会很低。经营能力越强的公司，营运资本发挥的效率越高，公司盈利能力较高，公司持有的现金价值也将越高。融资约束、公司治理状况、财务和经营情况影响的是公司现金价值的个体水平，它们和公司的宏观环境一样，都只引起现金价值曲线的整体移动，但公司现金持有量和现金价值是一一对应的关系，现金持有量对现金价值的影响是在价值曲线上的移动。

一只开放式基金的运营在很大程度上类似于公司的运营，影响公司现金价值的因素应该也是影响开放式基金流动性价值的因素，但研究开放式基金流动性价值的文献很少。所以，笔者借鉴影响公司现金价值的文献来研究影响开放式基金流动性价值的因素。

笔者认为，类似于公司现金价值的影响因素，影响开放式基金流动性价值的因素也可分为内部因素和外部因素，具体分为以下三个方面：开放式基金财务特征、开放式基金治理特征、宏观经济与制度环境，前两个因素可以看作是开放式基金的特质因素，而宏观经济与制度环境影响所有开放式基金流动性的价值。

宏观环境影响所有开放式基金流动性的价值，宏观经济状况好、开放式基金能够选择的投资机会多，流动性能为开放式基金带来更多的利润，流动性的价值应该较高。宏观经济状况好一般会体现在资本市场上股票价格的上涨，因此，对开放式基金来说，当资本市场处于牛市时，其可选择投资的股票增多，并且，由于股票价格在牛市上涨较多，能为开放式基金带较多的资本利得。所以，开放式基金流动性的价值与股票市场的表现正相关。宏观经济状况对开放式基金直接和综合的影响是提供的投资机会的多少，也就是投资机会集价值的大小，我们可以用投资机会集价值来表示宏观经济状况，因此，我们提出假设一：

假设一：开放式基金流动性的价值与投资机会集价值正相关。

开放式基金特质方面的影响因素主要包括开放式基金的管理水平、流动性持有量、申购赎回等因素。管理水平好的开放式基金，能充分发挥开放式基金资产的作用，能使流动性的价值最大化，所以，开放式基金的管理水平与开放式基金流动性价值正相关。但是，管理水平并不易于直接度量，一般来说，管理水平好的开放式基金会有较好的业绩，我们就用开放式基金的业绩来间接度量开放式基金的管理水平。业绩好，证明管理水平高，管理水平高，流动性能得到充分利用，其价值就应该大。业绩的稳定性也是管理水平的一种度量，业绩越稳定，说明管理水平越高。业绩的稳定性可以用净值增长率或基金收益率的波动率来表示，波动率越大，业绩越不稳定。在此基础上，我们提出假设二和假设三：

假设二：开放式基金流动性价值与开放式基金业绩正相关。

假设三：开放式基金流动性价值与开放式基金业绩波动性负相关。

很多文献均发现，公司治理较好，现金价值较高。开放式基金也一样，治理好的开放式基金，其流动性价值也高。公司治理指标通常由董事会治理、控股股东和股东权益、监事会治理、管理层激励等方面的指标综合而成。开放式基金的治理结构与公司的治理结构有很大不同，李建国（2003）认为开放式基金治理机制，是指在开放式基金的运行过程中，从开放式基金设立、发行——开放式基金的投资、管理——收益分配等各个环节环环相扣、相互连接又彼此制衡的一套机制，是开放式基金发起人之间的合伙合同关系、开放式基金投资人（开放式基金份额持有人）与开放式基金管理人（开放式基金管理公司）及开放式基金托管人（托管银行）之间的信托关系等“关系合同”的“化合物”，其核心是一种权利、利益制衡机制，是投资人对管理人的一种约束、激励、监督机制。陶耿（2011）认为，开放式基金治理大致有若干重要节点，开放式基金治理是为治理重要节点上的各利益相关方合理配置各自责任、权利、收益，并辅以市场、政府监管甚至社会文化舆论监督等机制共同作用的过程。在不同的市场环境中，由于文化、法律体系和监管架构不同，开放式基金治理结构呈现出的具体特点也会不同，因而开放式基金实现治理利益的具体路径也会有所区别。但无论差异如何，都应该包含以下基本框架：开放式基金管理人的股东、开放式基金管理人、开放式基金管理人的董事会（主要是独立董事）、开放式基金管理人的高管人员、开放式基金管理人的核心团队人员、开放式基金管理人的督察长、开放式基金投资人、开放式基金托管人等。各节点之间的关系见图6－1：

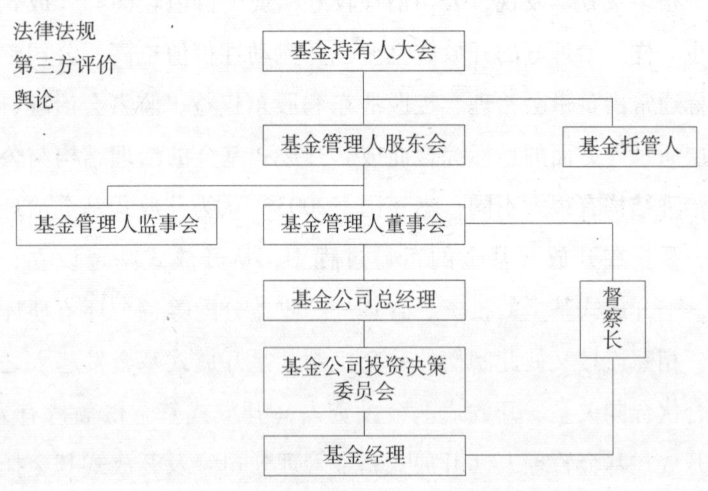

图6－1　基金治理各节点之间的关系

借鉴以上学者的研究，我们提出基金治理结构包括管理公司情况、托管公司情况、基金经理情况、机构投资者情况，变量的选取和计算见表6-1：

表6-1 基金治理变量及其计算方法

治理指标	变量名称	计算方法
管理公司情况	管理公司注册资本	最近一期的注册资本取对数
	管理公司管理基金数量	管理基金的支数
	管理公司管理开放式基金数量	管理开放式基金的支数
	管理公司股权集中度	第一大股东持股数量/总股本
	管理公司股权制衡度	第二到第五大股东持股比例之和/第一大股东持股比例
托管公司情况	是否为四大银行	是为1，否为0
	注册资本	最近一期的注册资本取对数
基金经理情况	基金经理学历	博士为1，否则为0
机构投资者情况	机构投资者持有份额比例	机构投资者持有基金的总份额/基金总份额

我们借鉴白重恩（2005）构建公司治理指数的方法——主成分分析法，来构建开放式基金治理指数。主成分分析是将多个彼此可能存在相关关系的变量，转换成较少的彼此不相关的综合指标的多元统计分析方法。其思想是将原来众多具有一定相关性的

变量，重新组合成一组新的互相无关的综合指标来代替原来的指标，然后对多维变量系统进行降维处理。方差较大的几个新变量就能综合反应原多个变量所包含的主要信息，并且也包含了自身特殊的含义。主成分分析最主要的目的是以较少的变量解释大部分变异，并使被选取的变量之间相互独立或相关性较小，其中，最常用的是第一大主成分。

先对各个变量进行标准化处理，然后进行 KMO 和 Bartlett 球形度检验。检验结果为 KMO 为 0. 391，Bartlett 球形度检验的近似卡方为 7 903. 202，显著性水平为 0. 000，说明模型适合做主成分分析。本书用第一大主成分分析，各变量的第一大主成分分析所得的载荷矩阵见表 6 – 2：

表 6 – 2　各变量的载荷矩阵

变量	载荷系数
第二到第五大股东持股比例	–. 898
第一大股东持股比例	. 896
管理公司注册资本	. 575
管理公司管理基金数量	. 385
管理公司管理开放式基金数量	. 406
托管人注册资本	. 292
机构投资占总份额比例（%）	–. 117

第一个主成分的特征根是 2. 351，将表 6 – 2 中的各系数分别除以 $\sqrt{2.351}$，得到第一主成分分析的表达式：

$F_1 = -0.59 * Z$，第二到第五大股东持股比例 $+0.58 * Z$，第一大股东持股比例 $+0.38 * Z$，管理公司注册资本 $+0.25 * Z$，管理公司管理基金数量 $+0.26 * Z$，管理公司管理开放式基金数量 $+0.19 * Z$，托管人注册资本 $-0.08 * Z$，机构投资占总份额比例

其中，Z 表示对变量进行标准化后的数据。F_1 的值越大，说明该开放式基金治理状况越好。

我们提出的关于开放式基金治理与开放式基金流动性价值之间关系的假设是：

假设四：开放式基金流动性价值与开放式基金治理状况正相关。

流动性持有量与流动性价值之间的关系比较复杂，根据对公司现金价值的研究文献，Jensen（1986）和 Harford（1999）均认为，由于代理成本的存在，持有超额现金对企业价值不利，奚宾（2011）认为，企业现金持有量对现金价值的影响是非单调的，存在一个最优现金持有水平，在该水平上，现金价值最大。在该水平之前，现金价值随现金持有量的增加而增加；现金持有量超过该水平，现金价值随现金持有水平的增加而减少。与公司现金价值不同的是，开放式基金有申购赎回制度，投资者的申购赎回会增加或减少开放式基金的现金流，对流动性形成冲击，申购赎回越频繁，流动性的管理就越困难，流动性价值难以达到最大。为此，我们提出假设五和假设六：

假设五：开放式基金流动性价值与流动性的持有量之间的关系复杂，二者之间是非线性的关系。

假设六：开放式基金流动性价值也受净赎回状况的影响，净赎回与流动性价值之间是负相关关系。

6.2　变量设计

最后采用的变量符号见表6-3：

表6-3　变量及变量符号

	变量名称	变量符号
被解释变量	基金流动性价值	E（L_0）
资本市场状况	流动性的投资机会集价值	F
基金治理变量	基金治理指数	F_1
基金管理能力变量	基金净值增长率	r
	基金经理是否是2人	$sh2$
	基金经理学历	xl
	基金净值增长率的波动率	σ
基金流动性持有量	基金银行存款+结算备付金+存出保证金	L
基金净赎回	（赎回-申购）/期初总份额	jsh
控制变量	基金规模（基金净值的对数）	s
	管理公司管理基金数量	gls
	管理公司管理开放式基金数量	$glks$
	管理公司注册资本	sgl
	机构投资者持有份额比例	$jgcg$
	托管人注册资本	stg

6.3　研究方法、样本选择

6.3.1　研究方法

目前，研究现金价值的方法主要有 Fama and French（1998）的经典企业价值回归模型 Pinkowitz 和 Williamson（2004），Pinkowitzetal（2006），Dittmar 和 Mahrt－Smith（2007））和 Faulkender and Wang（2006）所用的现金边际价值回归模型。我们借鉴 Fama and French（1998）模型，在一定的修订基础上设计我们的研究模型，模型如下：

模型 1，市场因素对流动性价值的影响：

$$E(L_0)_{i,t} = \beta_0 + \beta_1 F_t + \beta_2 F_{t-1} + \beta_3 s_{i,t} + \beta_4 glks_i + \beta_5 sgl_i + \beta_6 jgcg_i + \beta_7 stg_i + \varepsilon_{i,t}$$

模型 2，治理因素对流动性价值的影响：

$$E(L_0)_{i,t} = \beta_0 + \beta_1 F1_{i,t} + \beta_2 s_{i,t} + \beta_3 glks_i + \beta_4 sgl_i + \beta_5 jgcg_i + \beta_6 stg_i + \varepsilon_{i,t}$$

模型 3，管理因素对流动性价值的影响：

$$E(L_0)_{i,t} = \beta_0 + \beta_1 F1_{i,t} + \beta_2 r_{i,t-1} + \beta_3 r_{i,t}{}^2 + \beta_4 \sigma + \beta_5 sh2_i + \beta_6 xl_i + \beta_7 s_Z\ i,t + \beta_8 glks_i + \beta_9 sgl_i + \beta_{10} jgcg_i + \beta_{11} stg_i + \varepsilon_{i,t}$$

模型 4，基金流动性持有量对流动性价值的影响：

$$E(L_0)_{i,t} = \beta_0 + \beta_1 F1_{i,t} + \beta_2 L_{i,t}{}^2 + \beta_3 L_{i,t-1} + \beta_4 s_{i,t} + \beta_5 glks_i + \beta_6 sgl_i + \beta_7 jgcg_i + \beta_8 stg_i + \beta\varepsilon_{i,t}$$

模型 5，净赎回对流动性价值的影响：

$$E(L_0)_{i,t} = \beta_0 + \beta_1 jsh_{i,t} + \beta_2 jsh_{i,t-1} + \beta_3 s_{i,t} + \beta_4 glks_i + \beta_5 sgl_i + \beta_6 jgcg_i + \beta_7 stg_i + \varepsilon_{i,t}$$

模型 6，综合模型：

$$E(L_0)_{i,t} = \beta_0 + \beta_{Ft} + \beta_2 F_{t-1} + \beta_3 FL_{i,t} + \beta_4 r_{i,t} + \beta_5 r_{i,t-1} + \beta_6 r_{i,t}{}^2 + \beta_7 \sigma + \beta_8 sh2_i + \beta_9 xl_i + \beta_{10} L_{i,t} + \beta_{11} L_{i,t}{}^2 + \beta_{12} L_{i,t-1} + \beta_{13} jsh_{i,t} + \beta_{14} jsh_{i,t-1} + \beta_{15} s_{i,t} + \beta_{16} glks_i + \beta_{17} sgl_i + \beta_{18} jgcg_i + \beta_{19} stg_i + \varepsilon_{i,t}$$

6.3.2 样本选取

我们选取在 2006 年以前成立的 41 只股票型开放式基金，选取的基金代码和前文一样。样本区间也和前文一样，选择 2006

年7月份到2011年12月份的月度数据，共有观察值2 706个。数据均来自深圳国泰安信息技术有限公司的《中国上市公司交易数据库》和《开放式基金研究数据库》。

6.4 实证过程及结果

6.4.1 描述性统计和相关检验

1. 描述性统计

表6－4为被解释变量、解释变量和控制变量的描述性统计。从表6－4可以看出，被解释变量基金流动性的价值$E(L_0)$的均值是1.028；解释变量基金管理公司管理的基金总数的均值是21.95只。其中，管理开放式基金的均值是19.76只，占管理基金总数的90%，说明基金管理公司管理的基金大部分都是开放式基金。基金治理指数的均值是0.011，最大值是4.55，中值是－0.165，最小值是－2.92，说明基金治理指数相差较大，但总体上都不是很高，各个基金的治理情况差异很大。基金管理公司注册资本的对数均值为18.881，托管人注册资本的对数均值为25.722；流动性投资机会集的均值为0.101，但基金收益率的均值却为负数－0.001，标准差为0.111。基金的机构持有基金份额比例均值为0.611，说明基金的大部分份额还是由机构持有的。净赎回的均值为－0.529，说明开放式基金在这一段时间发生的是净申购。流动性的持有量的均值为0.098，说明基金持有超额流动性。

表 6-4　各变量统计描述

	均值	标准差	最小值	最大值	25%分位数	中值	75%分位数
F	0.101	0.010	0.083	0.151	0.098	0.100	0.102
F_1	0.011	1.531	-2.920	4.550	-0.881	-0.165	0.235
r	-0.001	0.111	-0.769	0.259	-0.050	0.015	0.061
σ	0.111	0.015	0.064	0.134	0.103	0.111	0.121
EL_0	1.028	0.025	1.000	1.141	1.012	1.021	1.035
gls	21.950	7.533	8.000	34.000	16.000	22.000	29.000
glks	19.760	6.470	8.000	30.000	15.000	19.000	27.000
sgl	18.881	0.233	18.421	19.337	18.826	18.826	19.008
stg	25.722	0.972	22.331	26.534	24.753	26.177	26.260
jgcg	0.611	0.210	0.225	0.895	0.438	0.645	0.803
jsh	-0.529	3.338	-51.087	0.731	-0.034	0.023	0.075
L	0.098	0.076	0.002	1.019	0.054	0.081	0.130

2. 相关性分析和多重共线性检验

对各变量进行相关性分析得到变量的相关系数矩阵见表 6-5。从表 6-5 中可以看出，*gls* 和 *glks* 之间的相关系数为 0.968 9，具有很强的相关性。基金管理的基金总数包括开放式基金和封闭式基金，而目前开放式基金占管理总数的绝大多数，为了避免多重共线性的影响，我们只用 *glks* 这一个变量。从表 6-6 的多重共线性检验可以看出，去掉 *gls* 后，每个变量 VIF 均小于 10，说明变量之间不存在严重的多重共线性。

表 6－5 变量间的相关性分析

	F	F_1	r	d	EL_0	gls	$glks$	sgl	stg	$jgcg$	jsh	L
F	1											
F_1	-0. 000	1										
r	-0. 014	-0. 000	1									
d	0	-0. 262	-0. 018	1								
EL_0	0. 374	-0. 011	0. 38	0. 063 8	1							
gls	0	0. 268 2	0. 015 5	-0. 086	0. 003 9	1						
$glks$	0	0. 292 3	0. 019	-0. 143	0. 000 8	0. 968 9	1					
sgl	0	0. 209 7	-0. 007	-0. 085	-0. 004	0. 009 4	0. 004 6	1				
stg	0	0. 173	0. 008	-0. 226	-0. 012	0. 289 9	0. 289 5	-0. 067	1			
$jgcg$	0	0. 057 3	0. 002 1	-0. 188	-0. 009	-0. 046	-0. 042	-0. 079	0. 206 9	1		
jsh	-0. 131	-0. 006	-0. 066	-0. 055	-0. 038	-0. 027	-0. 023	0. 002 9	-0. 019	0. 005 8	1	
L	0. 036 9	-0. 023	0. 059 8	-0. 041	-0. 032	-0. 172	-0. 151	-0. 022	0. 046	0. 087 6	-0. 111	1

表 6-6　多重共线性检验

Variable	VIF	1/VIF
gls	19.66	0.050 872
glks	19.63	0.050 937
d	1.29	0.772 875
x_1	1.25	0.799 371
F_1	1.22	0.820 32
stg	1.21	0.826 762
jgcg	1.17	0.855 379
sgl	1.1	0.905 315
sh_2	1.1	0.912 927
L	1.07	0.935 497
jsh	1.04	0.958 291
F	1.02	0.981 781
r	1.01	0.991 043
Mean VIF	3.98	

表 6-7　去掉 gls 后的多重共线性检验

Variable	VIF	1/VIF
glks	1.23	0.813 201
F_1	1.22	0.820 688
d	1.21	0.829 183
stg	1.2	0.832 303
jgcg	1.17	0.855 56

（续上表）

Variable	VIF	1/VIF
x_1	1.15	0.867 8
sg_1	1.1	0.905 836
sh_2	1.07	0.930 301
L	1.06	0.945 111
jsh	1.04	0.959 434
F	1.02	0.981 781
r	1.01	0.991 088
MeanVIF	1.12	

3. 异方差检验

若模型中存在异方差，则估计量依然是无偏、一致且渐进正态的。但估计量的方差却发生了变化，此时，估计量的方差不再是一个常数，使得估计量有效性的检验不再适用。因此，为了防止异方差性的影响，我们在估计模型前先检验一下模型中是否存在异方差性。我们用似然比检验模型中是否存在异方差，检验结果显示 LR chi2（40）= 4.59，Prob > chi2 = 1.000 0，说明模型中不存在异方差现象。

4. 自相关性检验

如果模型中存在自相关现象，则模型的估计结果依然是无偏、一致且渐进正态的。但会使估计量的检验失效，我们用面板修正标准差回归模型来查看模型中是否存在自相关，结果显示 rho = 0.045，可以认为模型中自相关现象不严重。

5. 内生性检验

内生性就是模型中的一个或多个解释变量与随机扰动项相关。产生内生性的原因主要有两个：一个是遗漏变量，且遗漏变量与引入模型的其他变量相关；另一个是解释变量和被解释变量相互作用、相互影响，互为因果。前者用面板数据模型可以解决遗漏变量的问题，但面板数据模型对后者的解决效果却不是很明显。由于我们的模型是面板数据模型，所以，遗漏变量导致的内生性可以不用特别考虑，主要需要检验流动性价值和流动性持有量之间是否存在相互影响的关系。另外，净赎回率对流动性持有量也应该有影响。要检验模型中是否存在内生性，我们需要找到流动性持有量的代理变量，影响流动性持有量的因素有很多，既有宏观因素，又有微观因素。宏观因素主要是资本市场的整体表现，可以用资本市场的收益率和波动率来表示；影响开放式基金现金流的微观因素比较多，主要有基金业绩、分红、规模、费用、存续时间、投资者结构、品牌、价位、上一期申购赎回情况等。我们就用这些因素构建一个现金持有量的决定模型，通过估计该模型，找到现金持有量的工具变量。

参考相关文献，经过一些试错，最后建立如下模型：

$$L_{i,t} = \beta_0 + \beta_1 jsh_{i,t} + \beta_2 jgcg_{i,t} + \beta_3 F_t + \beta_4 F_{t-1} + \beta_5 r_{i,t} + \beta_6 r_{i,t-1} + \beta_7 L_{i,t-1} + \varepsilon_{i,t}$$

模型组内 R 平方为 0.386 6，组间 R 平方 0.992 8，总体的 R 平方为 0.536 3。用上述的估计结果作为工具变量对模型进行

hausman 检验，检验结果为 chi2(10) = (b - B)′[(Vb - VB)^(-1)](b - B) = 13.61，Prob > chi2 = 0.191 6，说明模型中虽然存在内生性，但不显著，因此，我们可以对模型直接进行回归，不必考虑工具变量的问题。

6.4.2 模型回归结果及分析

1. 模型 1 的回归结果分析

Hausman 检验的结果显示模型适合随机效应模型，因此，我们用随机效应模型回归，为了防止异方差的影响，我们用稳健异方差的方法对模型进行回归，回归结果见表 6 - 8。从中可以看出，无论是当期资本市场状况或是滞后的资本市场状况，对开放式基金流动性价值都有显著的影响。再分不同阶段，即分别对大牛市、熊市、小牛市、横盘几个阶段进行回归分析，回归结果依然显著，说明市场情况确实影响开放式基金流动性的价值。

表 6 - 8 模型 1 回归结果

		$E(L_0)$	$E(L_0)$
F		0.878 84*** (0.042 053 1)	0.841 082 9*** (0.043)
$l.F$			0.211 403 9*** (0.043)
s		-0.000 249 9 (0.000 378 6)	-0.000 426 2 (0.000 391 5)

（续上表）

		$E(L_0)$	$E(L_0)$
glks		0.000 034 4 (0.000 077 5)	0.000 041 8 (0.000 079 2)
sgl		-0.000 481 (0.001 921 3)	-0.000 507 5 (0.001 960 2)
stg		-0.000 240 1 (0.000 491 6)	-0.000 168 8 (0.000 502 3)
jgcg		-0.000 612 7 (0.002 236)	-0.000 763 1 (0.002 285 2)
x_1		0.000 061 4 (0.001 167 1)	-0.000 228 3 (0.001 189)
Sh_2		-0.000 215 3 (0.000 926 7)	-0.000 258 6 (0.000 946 4)
_cons		0.959 287 *** (0.039 798 3)	0.944 500 9 *** (0.040 793 5)
$R-sq$	within	0.141 3	0.148 7
	between	0.82	0.6
	overall	0.140 4	0.147 5
Waldchi2		440.38	452.40 ***
Hausman 检验		3.09 (0.928 6)	4.86 (0.846 0)
样本数	2 706	2 624	

注：( ) 里是系数的标准差，*，**，*** 分别表示在 10%，5%，1% 水平上显著。

2. 模型 2 的回归结果

Hausman 检验的结果显示模型 2 适合随机效应模型，因此，我们用随机效应模型回归，为了防止异方差的影响，我们用稳健异方差的方法对模型进行回归，回归结果见表 6－9。从中可以看出，基金治理状况对基金流动性价值无显著影响。再分不同阶段，即分别对大牛市、熊市、小牛市、横盘几个阶段进行回归分析，回归结果依然不显著，说明基金治理状况并不显著影响开放式基金流动性的价值。

表 6－9 模型 2 的回归结果

$E(L_0)$	F_1	s	$glks$	sgl	stg	$jgcg$	xl_1	sh_{21}	$\_cons$
系数	−0.000 2	−0.001 ***	0.000 08	−0.000 2	−0.000 1	−0.000 4	−0.000 1	−0.000 3	1.048 ***
稳健标准差.	0.000 3	0.000 3	0.000 06	0.001 54	0.000 3	0.001 6	0.000 9	0.000 7	0.033
R－sq：	within ＝ 0.22，between ＝ 0.42，overall ＝ 0.13								
Wald chi2	9.89								
Hausman 检验	7.23 （0.511 9）								
样本数	2 706								

注：（）里是系数的标准差，*，**，*** 分别表示在 10%，5%，1% 水平上显著。

3. 模型 3 的回归结果

Hausman 检验的结果显示模型 3 适合随机效应模型，因此，我们用随机效应模型回归，为了防止异方差的影响，我们用稳健异方差的方法对模型进行回归，回归结果见表 6－10。从中可以看出，基金的收益率、滞后收益率、收益率的标准差和收益率的平方都都对基金流动性价值有显著影响，说明基金收益率是影响流动性价值的重要因素，并且两表是非线性的关系，这表明基金管理者的管理能力是影响基金流动性价值的重要因素。再分不同阶段，即分别对大牛市、熊市、小牛市、横盘几个阶段进行回归分析，回归结果依然显著，说明开放式基金收益率与开放式基金流动性价值显著相关。

表 6-10　模型 3 的回归结果

	$E(L_0)$	$E(L_0)$	$E(L_0)$	
r		0.083 982 9*** (0.002 987 4)	0.085 026 2*** (0.002 974 1)	0.103 522 8*** (0.003 013 1)
$L.r$			-0.008 452 1** (0.004 120 6)	-0.010 722*** (0.004 233 3)
rsq				0.091 705 5*** (0.009 157 7)
σ		0.134 280 6*** (0.008 697 1)	0.135 5*** (0.010 754 3)	0.112 858 6*** (0.009 154 1)
s		-0.000 660 8*** (0.000 164 4)	-0.000 94*** (0.000 168 4)	-0.000 629 4*** (0.000 176 4)
$glks$		0.000 07*** (0.000 027 1)	0.000 098*** (0.000 031 7)	0.000 062 3** (0.000 028 9)
sgl		0.000 408 4 (0.001 915 7)	0.000 26 (0.001 96)	0.000 241 4 (0.001 945 4)
stg		0.000 155 7 (0.000 497 5)	0.000 156 (0.000 51)	0.000 086 7 (0.000 506 4)

（续上表）

	$E(L_0)$	$E(L_0)$	$E(L_0)$	
jgcg		0.000 528 7 (0.002 239 7)	0.000 516 1 (0.002 295 1)	0.000 251 3 (0.002 278 6)
x_1		−0.000 833 3 ** (0.000 360 7)	−0.001 107 4 *** (0.000 432 1)	−0.000 931 4 ** (0.000 378 9)
Sh_2		0.000 126 9 (0.000 925 6)	0.000 121 8 (0.000 947 6)	0.000 157 6 (0.000 940 6)
_cons		1.014 105 *** (0.040 006 4)	1.022 763 *** (0.040 903 3)	1.020 304 *** (0.013 220 5)
Wald chi2		1 335.95 ***	1 312.00 ***	2 514.13 ***
R − sq:	within	0.146 1	0.149 5	0.161 7
	between	0.849 4	0.756 2	0.854 1
	overall	0.150 5	0.153 0	0.165 8
hausman 检验		1.94 (0.992 4)	7.54 (0.674 1)	4.97 (0.932 5)
样本量	2 706	2 624	2 624	
sigma_u	0	0	0	
sigma_e		0.022 795	0.023 033	0.022 873
rho		0	0	0

注：() 里是系数的标准差，*，**，*** 分别表示在 10%，5%，1% 水平上显著。

4. 模型 4 的回归结果

Hausman 检验的结果显示模型 4 适合随机效应模型，因此，我们用随机效应模型回归，为了防止异方差的影响，我们用稳健异方差的方法对模型进行回归，回归结果见表 6－11。从表中可以看出，基金流动性的持有量、流动性持有量的滞后项和平方项都对基金流动性价值有显著影响，说明开放式基金流动性的持有量是影响流动性价值的重要因素，并且关系是非线性的，这表明开放式基金流动性的量与价之间有显著的相关关系。再分不同阶段，即分别对大牛市、熊市、小牛市、横盘几个阶段进行回归分析，回归结果依然显著，说明开放式基金流动性持有量与开放式基金流动性价值显著相关。

表 6－11　模型 4 的回归结果

	$E(L_0)$	$E(L_0)$	$E(L_0)$	
L		−0.009 697 8* (0.005 186 7)	−0.034 457*** (0.008 73)	−0.043 45*** (0.011 796 3)
L. L			0.034 66*** (0.009 43)	0.035 020 5*** (0.009 499 1)
Lsq				0.016 541 3** (0.008 217)
s		−0.000 623 4*** (0.000 248)	−0.000 99*** (0.000 289 1)	−0.001*** (0.000 287 5)
glks		0.000 045 (0.000 060 6)	0.000 09 (0.000 06)	0.000 084 6 (0.000 06)
sgl		−0.000 528 1 (0.001 612 7)	−0.000 57 (0.001 64)	−0.000 592 1 (0.001 666)

（续上表）

	$E(L_0)$	$E(L_0)$	$E(L_0)$	
stg		−0.000 097 4 (0.000 281 5)	−0.000 06 (0.000 3)	−0.000 057 7 (0.000 314)
jgcg		−0.000 264 1 (0.001 56)	−0.000 6 (0.001 67)	−0.000 593 9 (0.001 669 6)
*x*1		−4.33*e*−06 (0.000 863 9)	−0.000 432 (0.000 88)	−0.000 391 6 (0.000 889)
Sh_2		−0.000 286 4 (0.000 67)	−0.000 32 (0.000 7)	−0.000 415 9 (0.000 69)
_cons		1.054 278 *** (0.033 955)	1.061 011 *** (0.035 18)	1.062 24 *** (0.035 58)
*Wald chi*2		11.49 ***	34.19 ***	47.76 ***
$R-sq$:	within	0.36	0.104	0.105
	between	0.14	0.59	0.18
	overall	0.2	0.83	0.87
hausman 检验		7.31 0.503 5	11.78 0.226	11.65 0.308 9
样本量		2 706	2 624	2 624
sigma_u	0	0	0	
sigma_e		0.024 589	0.024 606	0.024 608
rho		0	0	0

注：( ) 里是系数的标准差，*，**，*** 分别表示在 10%，5%，1% 水平上显著。

5. 模型5的回归结果

Hausman 检验的结果显示模型5适合随机效应模型，因此，我们用随机效应模型回归，为了防止异方差的影响，我们用稳健异方差的方法对模型进行回归，回归结果见表6-12。从中可以看出，基金的净赎回率、净赎回率的滞后项都与基金流动性价值有显著显著的相关性，说明基金净赎回率是影响流动性价值的重要因素，这表明基金流动性的量与价有显著的相关关系。再分不同阶段，即分别对大牛市、熊市、小牛市、横盘几个阶段进行回归分析，回归结果依然显著，说明基金收益率与开放式基金流动性价值显著相关。

表6-12 模型5的回归结果

		$E\ (L_0)$	$E\ (L_0)$
jsh		-0.000 289 6*** (0.000 097 5)	-.000 469*** (0.000 2)
l. jsh			0.000 3* (0.000 2)
s		-0.000 684 8*** (0.000 25)	-0.000 96*** (0.000 28)
glks		0.000 066 9	0.000 08 (0.000 06)
sgl		-0.000 53 (0.001 5)	-0.000 565 (0.001 585)

（续上表）

		E（L_0）	E（L_0）
stg		−0.000 168 3 （0.000 3）	−0.000 06 （0.000 3）
jgcg		−0.000 49 （0.001 5）	−0.000 85 （0.001 548）
*x*1		−0.000 2 （0.000 8）	−0.000 49 （0.000 8）
*Sh*2		−0.000 3 （0.000 7）	−0.000 37 0.000 685
_cons		1.056 *** （0.032）	1.06 *** （0.034）
*Wald chi*2		27.45 ***	48.23 ***
R−*sq*：	within	0.34	0.7
	between	0.07	0.2
	overall	0.27	0.5
hausman 检验	6.08 （0.638 3）	10.88 （0.283 8）	
样本量	2 706	2 624	
sigma_u		0	0
sigma_e		0.024 58	0.024 746
rho	0	0	

6. 模型 6 的回归结果

Hausman 检验的结果显示模型 6 适合随机效应模型，因此，我们用随机效应模型回归，为了防止异方差的影响，我们用稳健异方差的方法对模型进行回归，回归结果见表6－13。从中可以看出，前几个模型综合在一起除了净赎回外并不改变回归结果。再分不同阶段，即分别对大牛市、熊市、小牛市、横盘几个阶段进行回归分析，回归结果如下。

表6－13　模型6回归结果

变量	系数	变量	系数
jsh	0.000 128 (0.000 146 4)	*L*	−0.042 242 6*** (0.009 81)
L. jsh	0.000 491 7*** (0.000 158 5)	*Lsq*	0.005 220 4 (0.008 535 5)
r	0.096 423 4*** (0.003 601 9)	*L. L*	0.026 080 6*** (0.006 806 4)
L. r	−0.013 337 8*** (0.003 794 6)	*s*	−0.000 170 5 (0.000 274 8)
rsq	0.041 780 9*** (0.010 915)	*glks*	4.30*e*−06 (0.000 042 3)
F_1	0.000 122 2 (0.000 242 6)	*sgl*	0.000 048 36 (0.000 846 2)
F	0.867 522 9*** (0.011 428 5)	*stg*	0.000 085 1 (0.000 221)
L. F	0.164 758 8*** (0.013 647 4)	*jgcg*	0.000 594 1 (0.000 783)

(续上表)

变量	系数	变量	系数
F_1	0.000 122 2 (0.000 242 6)	_cons	0.911 735 5*** (0.018 461 3)
σ	0.119 935 2*** (0.013 699 7)		
Wald chi2		38 212.69***	
R-sq:	*within*	0.314 7	
	between	0.735 9	
	overall	0.317 1	
hausman 检验		7.18 0.981 1	
样本量		2 624	
sigma_u		0	
sigma_e		0.022 713	
rho		0	

6.5 小结

从上节的回归结果可以看出，开放式基金的管理能力、净赎回、证券市场整体情况、开放式基金流动性持有量是影响开放式基金流动性价值的主要因素。开放式基金的管理能力好了，开放式基金业绩就上去了，投资者的回报增加了，投资者的赎回也就会少了，流动性的冲击变小了，流动性的价值就会增加。所以，开放式基金的业绩（用于度量管理能力）与开放式基金的流动性价值是正向关系；开放式基金治理指数与开放式基金流动性价值之间关系不显著，说明基金治理并没有影响到流动性的价值；流动性持有量与流动性价值之间的关系复杂，平方项是正的，水平项是负的，滞后项也是正的，说明流动性持有量有一个最佳点，在这一点上，流动性的价值最大；收益率的波动率与流动性价值之间正相关；证券市场的整体情况与流动性价值之间是正相关的关系，说明市场行情好时，流动性价值高。

7 结论与研究展望

7.1 基本结论

本书学习和借鉴了诸多与流动性相关的文献，在前人研究的基础上，提出了投资机会集及投资机会集价值的概念。投资机会集就是投资机会的集合，而投资机会是可以使净现值为正的未来的投资机遇，投资机会集的价值就是在某段时间内投资机会集能提供的价值。

根据对投资机会集价值的概念界定，在一定的简化条件下，推导出投资机会集价值为：

$$F(R)=(R^{*}/\delta-I)(R/R^{*})^{\beta}p(R^{*})$$

根据凯恩斯流动性偏好的三动因，提出了股票型开放式基金持有流动性的保险动机和投资动机的概念，开放式基金的申购赎回制度使得开放式基金的流动性管理显得异常重要，流动性会受到投资者因申购赎回导致的流入流出的冲击，如果预留的流动性不充足，不能满足投资者赎回需求，有可能因投资者的“羊群行为”而导致挤赎风险。股票型开放式基金的投资对象主要是股票，而股票市场上的投资机会可以说是此起彼伏、不断涌现，如果开放式基金持有较多的流动性，则有利于其抓住未来出现的投资机会，为投资者赢得收益。

因此，从直观上看，开放式基金在持有较多流动性时，其抵御挤赎风险的能力较强，而且也更有能力抓住未来出现的具有更高潜在收益的投资机会，但会因持有较多流动性而损失立即进行投资而能获得的收益。持有较少流动性的开放式基金抵御挤赎风险的能力较弱，如果未来的投资机会出现，由于流动性不够充足，也可能因抓不住这些投资机会而遭受损失，但却可以获得立即投资的收益。那么开放式基金究竟应该持有多少流动性呢？这些问题的解决需要对流动性的价值有一个直观的判断，以避免开放式基金持有过多或过少的流动性，为开放式基金管理流动性提供一些可操作的变量。于是，本书试图量化流动性的价值，这样不仅能够从定性上认识到其重要性，还能得到定量上的量化，在某种程度上也能给开放式基金的流动性管理提供一些参考。

关于流动性价值，研究的文献并不是很多，特别是有关流动性定价的，从检索到的文献来看，有对公司流动性定价的、对证券市场流动性定价的、对股票流动性定价的、对封闭式基金流动性定价的，但还没有检索到对开放式基金流动性进行定价的文献。尽管如此，开放式的流动性管理无论是对风险控制或是提高盈利能力来说都是异常重要的，如果能为开放式基金持有的流动性给予一个确定的价值度量，那么就能为管理风险和提高盈利能力提供参考。

本书第二章论述了有关流动性定价的相关文献，分为公司流动性定价、股票流动性定价和封闭式基金的流动性定价。这些文献结合流动性的灵活性特点，提出流动性的灵活性赋予流动性期权的属性，可以用实物期权的方法为流动性定价。

本书第三章在分析开放式基金流动性的影响因素之后，通过分析开放式基金流动性的持有动机，提出开放式基金的流动性具有的期权属性。开放式基金流动性的这种期权属性具有价值，可以用实物期权的理论为其定价。

本书第四章分析了开放式基金持有的流动性（本书将开放式基金持有的银行存款、结算备付金和存出保证金视为开放式基金的流动性，没有考虑国债，一方面是因为开放式基金的资产负债表里没有将国债与其他债券分开来，另一方面是因为国债变现也会有成本，也需要一些时间），为了应对投资者赎回，根据有关规定，应对投资者赎回的流动性一般不应低于基金资产净值的5%，但是，开放式基金持有的流动性一般都会高于这个比例，大约会在13%左右。开放式基金持有的多于应对赎回需求的流动性主要目的是为了抓住未来出现的投资机会。接着分析了开放式基金的投资机会集的概念和投资机会集的价值的概念。

开放式基金的投资机会集是未来所有期望净现值为正的投资机会所带来的价值。期望净现值为正的投资机会就是使投资收益大于投资成本的投资机会。对于股票型开放式基金来说，由于其投资对象主要是股票，投资成本就是购买股票所支付的股价和交易费用，以及由于持有流动性而丧失的收益，因持有流动性而丧失的收益是流动性的机会成本，如果开放式基金不持有过多的

（超过赎回需求）流动性，就可以多投资资金到资本市场而获得较高的收益（一般来说，股票的收益高于债券和流动性的收益），这个收益差（资本市场平均收益－流动性的收益）就是流动性的机会成本，也就是说，投资成本由三个部分组成：

投资成本＝购买成本＋交易费用＋流动性的机会成本

投资收益就是卖出股票所获得的收益减去交易费用，也就是：

投资收益＝卖出收益－交易费用

很显然，同一只股票的买点和卖点不会同时出现，如果不允许卖空，则要先买才能后卖，也就是买点在前卖点在后，假设买股票的时点为当前时点，则有：

投资机会的价值＝投资收益的现值－投资成本

根据巴菲特和格雷厄姆对投资机会的论述，提出了开放式基金买入股票的时点是在股价低于 $p-a$ 时买入股票，卖出股票的时点是在股价高于 $p+b$ 时，忽略时间价值，差价收益减去交易费用和流动性的持有成本就是投资机会的价值：

$$R=[(b+a)-(f_a+f_b)]/(p-a)$$

投资机会价值的大小主要受股票价格波动幅度的影响，波动幅度越大，投资机会价值就越大。价格波动是股票的重要特征，因此，股票市场上的投资机会应该是此起彼伏、不断涌现的，我们把这些投资机会在某段时间内的集合称为投资机会集。这些投资机会价值的集合就是投资机会集的价值：

$$F(R) = (R^*/\delta - I)(R/R^*)^{\beta}p(R^*)$$

然后分别在大牛市、小牛市、熊市和横盘的不同市场状态下分析了投资机会集的价值：牛市时，由于投资机会较多，投资机会集的价值大些；熊市时，由于投资机会较少，投资机会集的价值小些。

第五章在第四章的基础上，分析了开放式基金持有的超额流动性的价值。

开放式基金持有的超额流动性赋予了其相机决策的灵活性，在市场行情好时增加对股票资产的投资；市场行情不好时减少对股票资产的投资，增加对债券的投资，或者直接持有现金。这种相机决策的灵活性赋予基金管理者相机将现金、股票、债券相互转换的灵活性；或者根据板块轮动将流动性在板块之间相互转换的灵活性；或者根据风格转换在不同风格的股票之间相互转换的灵活性。这种灵活性是有价值的，这种灵活性的价值其实就是相机决策权利的价值，具有期权的特征，可以用交换实物期权来为其定价，期权的支付为：

$$V = \max(F - L_1, 0)$$

那么，基金持有的超额流动性就可以用如下模型表示：

$$E(L_0) = pe^{-r_v(t_1-t_0)}V + (1-p)e^{-r_l(t_1-t_0)}L_1$$

通过对价值模型中的各参数的分析，计算出流动性的价值。

第六章是在第四、五章的基础上分析对流动性价值的影响因素，从直观上不难理解，流动性持有量是影响流动性价值的一个重要因素，分析结果显示流动性持有量对流动性价值的影响是非线性的，这说明存在一个能使流动性价值最大化的流动性的持有量。开放式基金管理者管理基金的能力也是影响流动性价值的一个重要因素，开放式基金的管理能力高，能够有效配置流动性和其他资产，使流动性的价值最大化，因此，管理能力高的开放式基金流动性价值大。投资者的申购赎回也会影响到开放式基金流动性的价值，申购赎回频繁的开放式基金，流动性用于应对申购赎回的机会就比较多，用于抓住投资机会的机会就会降低，流动性的价值会较小。

7.2 研究展望

开放式基金流动性管理问题是一个非常复杂又十分重要的问题。开放式基金的流动性管理除了一般金融机构所面临的流动性风险问题之外，还有投资者的申购赎回问题，其现金的流入流出受多种因素的影响。开放式基金资产管理的目标是为开放式基金持有人谋取投资收益，一般来说，在资本市场上股票的收益高于债券和现金，因此，这样的管理目标内在地要求开放式基金管理人尽可能地把资金投资于股票等收益高的资产。但开放式基金特殊的申购赎回制度又内生出开放式基金对流动性的需求，使得开放式基金管理人必须把一部分资产以现金或现金等价物的形式持有以应对投资者的赎回需求。这样，一方面开放式基金管理者要提高开放式基金资产的盈利性（提高盈利性需要多投资资金到盈利性高的资产上），另一方面又要预留一定的现金以满足投资者的赎回需求。而且二者之间又有着复杂的相互关系，预留的流动性过多，能够满足投资者当时的赎回需求，而流动性过多势必又会影响到开放式基金的盈利性，盈利性降低又会导致投资者对开放式基金的赎回；如果预留的流动性过少，盈利性上去了，但是，当投资者持“落袋为安”的思想，要求赎回基金时，如果开放式基金没有足够的流动性满足其赎回需求，在羊群效应的作用下，有可能导致挤赎现象。所以，确定一个合适的流动性的持有量，对开放式基金的管理来说是无比重要的。

流动性的作用不仅体现在应对投资者赎回需求上，当市场出现较好的投资机会时，如果开放式基金持有充足的流动性，则可以在最佳时机抓住投资机会并赢得收益。开放式基金持有的流动性的作用一方面是应对赎回的保险作用，一方面是抓住投资机会的投资作用。如果把保险作用需要的流动性的量和投资作用需要的流动性的量确定下来，那么开放式基金的流动性管理就有一定的参考依据了。

开放式基金流动性的基于保险作用需要的量可以根据投资者的申购赎回情况来确定，这方面的文献有很多，大家也得出了比较一致的结论，但对用于投资作用的流动性的持有量的研究却很少。流动性的投资作用主要体现在当市场上出现有利可图的机会时，开放式基金能实时抓住这些投资机会，这时就需要开放式基金持有一定的流动性以备抓住随时出现的投资机会。

无论是保险作用还是投资作用，都不是说开放式基金持有的流动性越多越好，那么究竟开放式基金应该持有多少的流动性？这还需要考虑流动性的价值，根据量价关系来确定一个合适的流动性的比率。在本书的实证分析里，开放式基金流动性持有量对开放式基金流动性价值的影响的确是非线性的，存在一个使流动性价值最大的流动性持有量，那么，开放式基金管理者就可以根据开放式基金流动性的价值来确定一个合适比例的流动性持有量。

本书在分析开放式基金的流动性价值时，假定预留的现金是多于赎回需求的，也就是说，没有把开放式基金应对赎回需求的流动性价值没考虑进来，仅仅考虑了投资价值。那么，投资机制和保险价值之间有没有关系？会不会相互影响？这些问题都是未来可以研究的方向。

在分析投资机会集时，本书直接假定了一个波动的幅度5%，那么在不同的波动幅度下，投资机会集价值是否会不同？机会集的价值不同，流动性的投资价值也会不同，二者之间的关系是怎样的？如果不给出一个确定的比例，能不能找到二者的一个解析表达式？这些都有待进一步的研究。

本书假设没有买空卖空，如果放松这一假设，结果可能就会改变。因为，如果放松这一假设，先买后卖不再成立。那么，开放式基金的投资机会集将会扩大，开放式基金流动性的价值也将增大。在股指期货、融资融券等新的业务和金融产品推出之后，买空卖空在中国可以操作了，放松不可买空卖空这一假设对开放式基金的流动性价值进行研究也是一个具有挑战性的研究方向。

参考文献

1. Acharya, Viral and Pedersen, L. Asset pricing with liquidity risk. *Journal of Financial Economics*, 2002, 77 (2): pp. 375 – 410.

2. Alna K. Sevem. Closed – end – funds and sentiment risk. *Review of Financial Economics*, 1998 (7): pp. 103 – 119.

3. Amihud, Y. and H. Mendelson. Asset pricing and the bid – ask spread. *Journal of Financial Economics*, 1986 (17): pp. 223 – 249.

4. Amihud, Y. and H. Mendelson. Liquidity, volatility, and exchange automation. *Journal of Accounting, Auditing, and Finance*, 1988 (3): pp. 369 – 395.

5. Amihud, Y. and H. Mendelson. The effects of beta, bid – ask spread, residual risk and size on stock returns. *Journal of Finance*, 1989 (44): pp. 479 – 486.

6. Amihud, Y. and H. Mendelson. Liquidity, asset prices and financial Policy. *Financial Analysis Journal*, 1991 Nov – Dec. pp. 56 – 66.

7. Amihud, Y. and H. Mendelson. Liquidity, maturity, and the yields on US treasury securities. *Journal of Finance*, 1991 (46):

pp. 1411 – 1425.

8. Amihud, Y., H. Mendelson and B. Lauterbach. Market microstructure and securities values: evidence from the Tel Aviv stock exchange. *Journal of Financial Economics*, 1997 (45): pp. 365 – 390.

9. Amihud, Y. Illiquidity and stock returns: cross – section and time – series effects. *Journal of Financial Markets*, 2002 (5): pp. 31 – 56.

10. Ammer. Close – end fund premiums and returns implications for financial market equilibrium. *Journal of Financial Economics*, 1990 (37): pp. 341 – 370.

11. Barber, Brad, Terrance Odean and Lu Zheng. The behaviour of mutual fund investors. *SSRN working Paper*, 2000: pp. 1 – 49.

12. Barber, Brad, Terrance Odean and Lu Zheng. Out of sight, out of mind: the effects of expenses on mutual fund flows. *Journal of Business*, 2005 (78): pp. 2095 – 2119.

13. Black, F. Towards a fully Automated Exchange: Part I. *Financial Analyst Journal*, 1971, 27 (4): pp. 29 – 34.

14. Boudreaux, K. J. Discounts and premiums on close – end mutual funds: a study in valuation. *Journal of Finance*, 1973 (28): pp. 515 – 522.

15. Boyle, G. B. and G. A. Guthrie. Investment, uncertainty, and liquidity. *The Journal of Finance*, 2003, 58 (5): pp. 2143 – 2166.

16. Brauer and Gregoru, A. Open – ending closed – end funds. *Journal of Financial Economics*, 1984 (13): pp. 491 – 507.

17. Briekley, James, A., Steven Manaster and Jame Sehallheim. The tax – timing option and the discounts on closed – end investment companies. *Journal of Business*, 1991 (64): pp. 287 – 312.

18. Chakarabarti, A. and H. Rungta. Mutual funds industry in India: an in – depth look into the problems of credibility, risk and brand. *the ICFAI Journal of Applied Finance*, 2000 Vol. 6, No. 2.

19. Chalmers, JohnM. R, RogerM. Edelen and Gregory B. Kadlec. On the perils of financial intermediaries setting securities prices: the mutual fund wild card option. *Journal of Finan*, 2001 (56): pp. 2209 – 2236.

20. Chay, J. B. and Trzcinka, C. A. Managerial performance and the cross – sectional pricing of close – end funds. *Journal of Financial Economics*, 1999, 52 (3): pp. 379 – 408.

21. Chevalier, Judith and Glenn Ellison. Risk taking by mutual funds as a response to incentives. *Journal of Political Economy*, 1997 (105): pp. 1167 – 1200.

22. Cossin, D. and T. Hricko. The benefit of holding cash: a real options approach. *Managerial Finance*, 2004, 30 (5): pp. 29 – 43.

23. Damodaran and Aswath. Dealing with cash, cross holdings and other non – operating assets: approaches and implications. (2005).

http: //pages. stern. nyu. edu/ ~ adamodar/ pdfiles/papers/cash-valuation.

24. Damodaran, A. Dealing with cash, cross holdings and other non – operating assets: approaches and implications.

http: //pages. stern. nyu. edu/adamodarlpdfiles/papers/cashval-uation.

25. David G. Shrider. Does size matter? An analysis of mutual fund transaetion size. *Joumal of Money, Investment and Banking*, 2009 (7): pp. 29 – 42.

26. David Rakowskia and Xiaoxin Wang. The dynamics of short – term mutual fund flows and returns: a time – series and cross – sectional investigation. *Joutnal of Banking and Finance*, 2009 (5): pp. 1 – 20.

27. DeLong, J. B., Shleifer, A., Summers L. H. and Waldmann, R. J. Noisetrader risk in financial markets. *Journal of Political Economics*, 1990 (98): pp. 703 – 738.

28. Demsetz, H. The cost of transaction. *Quarterly Journal of Economics*, 1968, 82 (1): pp. 33 – 53.

29. Dimons, E. Carolina minio – kozerski, closed – end funds: a survey. Financial Markets. *Institutions and Instruments*, 1999.

30. Fama, Eugene, F. and Kenneth, R. French, Taxes, financing decisions, and firm value. *Journal of Finance*, 1998. pp. 819 – 843.

31. Fama, E. F. and K. R. French, Common risk factors in the returns on stocks and bonds. *Journal of Financial Economics*, 1993

(33): pp. 3 -56.

32. Fant, L. and E. O Neal, Temporal changes in the determinants of mutual fund flows. *Journal of Financial Research*, 2000 (23): pp. 353 -372.

33. Faulkender, M. and R. Wang. Corporate financial policy and the value of cash. *Journal of Finance*, 2006 (61): pp. 1957 -1990.

34. Greene, Jason, T., Charles, W., Hodges and Dvaid Rakowski, Redemption policies and daily mutual fund flows. *Working Paper*, 2001.

35. Hardouvelis La Porta, Wizman. What moves the discount on country equity funds? In Jeffrey Frankel, The internationalization of equity markets. *Chicago University Press of Chicago*, 1994.

36. Harford, Jarrad. Corporate cash reserves and acquisitions. *Journal of Finance*, 1999. 1969 -1997.

37. Harris, L. E. Liquidity trading rules, and electronic trading systems. *Monograph Series in Finance and Economics*, 1990 (41): pp. 401 -439.

38. Hicks, J. R. Liquidity. *Economic Journal*, 1962 (72): pp. 787 -802.

39. Hicks, J. R. *Critical essays in monetary theory*. Oxford: Oxford University Press, 1967.

40. Hull, J. C. 期权、期货和衍生证券. 张陶伟译. 北京: 华夏出版社, 1997: 205 -252.

41. Fowler, J. and Gottesman. The capital asset pricing model

and the liquidity effect: A theoretical approach. *Journal of Financial Market*, 2000: pp. 69 – 81.

42. Jose A. Scheinkman and Wei Xiong. Overconfidence and speculative bubbles. *Princeton University Working Paper*, 2002.

43. Jose A. Scheinkman and Wei Xiong. Overconfidence and speculative bubbles. *Journal of Political Economy*, 2003, 111 (6): pp. 1183 – 1219.

44. Kadlec, G. B. and McConnell, J. J. The effect of market segmentation and illiquidity on asset prices: evidence from exchange listings. *Journal of Finance*, 1994 (49): pp. 611 – 636.

45. Kahl, M., Liu Jun and Longstaff, F. A. Paper Millionaires: How valuable is stock to a stockholder who is restricted from selling It. *Journal of Financial Economics*, 2003 (67): pp. 385 – 410.

46. Keynes, J. M. *Treatise on Money*. London: Macmillan, 1930.

47. Keynes, J. M. The general theory of employment, interest and money. *Macmillam and Co., Ltd*, 1936.

48. Keynes J., *Treatise on Money*, London: MacMillan, 1930.

49. Kyle, A. Continuous automatic and insider trading. *Economics*, 1985 (5): pp. 1315 – 1336.

50. Lee, C. M. C., Shleifer, A. and Thaler, R. H., Investor sentiment and the close – end fund puzzle. *Journal of Finance*, 1994 (6): pp. 75 – 109.

51. Lee, C. M. C., Shleifer, A. and Thaler, R. H. Explaining closed – end fund discount. *Unpublished Manuscript*, 1991.

52. Lee, C. M. C. , Shleifer, A. and Thaler, R. H. Anomalies close – end mutual funds. *Journal of Economics Prospectives*, 1991 (4): pp. 153 –164.

53. Longstaff, F. A. How much can marketability affect security values. *Journal of Finance*, 1995a (50): pp. 1767 –1774.

54. Longstaff, F. A. Placing no arbitrage bounds on the value of non marketable and thinly traded securities. *Advances in Futures and Options Research*, 1995b (8): pp. 203 –228.

55. Longstaff, F. A. Optimal portfolio choice and the valuation of illiquid securities. *The Review of Financial Studies*, 2001 (14): pp. 407 –431.

56. Longstaff, F. A. Asset pricing in markets with illiquidity assets. *AFA* 2006 *Boston Meetings Paper*, 2005.

57. Maher, M. J. Discounts for lack – of – marketability for closely held business interests. *Taxes*, 1976 (9): pp. 562 –71.

58. Malkiel, B. G. The valuation of close – end investment company shares. *Journal of Finance*, 1977 (32): pp. 847 –859.

59. Markowitz, H. Z. Portfolio selection. *Journal of Finance*, 1952a (7): pp. 77 –91.

60. Morey, M. R. Mutual fund age and morningstar Ratings. *SSRN Working Paper*, 2000: pp. 1 –29.

61. McDonald, R. L. and D. R. Siegel. The value of waiting to Invest. *Quarterly Journal of Economics*, 1986 (101): pp. 707 –727.

62. Merton, R. Applications of option – pricing theory: twenty –

five years later. *Nobel Lecture*, 1997 (9).

63. Merton, R. C. , Scholes, M. and Gladstein, M. The returns and risk of alternative call – option portfolio investment strategies. *Journal of Business*, 1978 (51): pp. 183 – 242.

64. Merton, R. C. , Scholes, M. and Gladstein, M. The returns and risk of alternative put – option portfolio investment strategies. *Journal of Business*, 1982 (55): pp. 1 – 55.

65. Merton, R. C. On the pricing of contingent claims and modigliani – miller theorem. *Journal of Financial Economics*, 1977 (5): pp. 241 – 249.

66. Merton, R. Theory of rational option pricing. *Bell Journal of Economics and Management Science*, 1973 (1): pp. 141 – 183.

67. Merton, R. C. Option pricing when underlying stock returns are discontinuous. *Journal of Financial Economics*, 1976 (1): pp. 125 – 144.

68. Meyer, J. R. and Kuh, E. The investment decision – An empirical study. By Havard university Press, 1957.

69. Merton, R. C. *Continuous – time Finance*. Blackwell Publishers Ltd, 1992.

70. Mikkelson, W. H. and Partch. M. M. Do pers istent large cash reserves hinder performance. *Journal of Financial and Quantitative Analysis*, 2003 (2): pp. 275 – 295.

71. Nanda, V. Wang Z. Jay, & Lu Zheng. The ABCs of mutual funds: a natural experiment on fund flows and performance. *working*

paper, *University of Michigan*, 2003.

72. O'Neal, E. Purchase and redemption patterns of US equity mutual funds. *Financial Management*, 2004, (Spring): pp. 63 – 90.

73. Opler, T., Pinkowitz, L., Stultz, R. and R. Williamson. The determinants and implications of corporate cash holdings. *Journal of Financial Economics*, 1999 (52): pp. 3 – 46.

74. Pei – Gi Shu, Yin – Hua Yeh and Takeshi Yamada. The behavior of Taiwan mutual fund investors. *working Paper*, 2002.

75. Pinkowitz, L. and Williamson. R. Bank power and cash holdings: evidence from Japan. *Review of Financial Study*, 2001 (14): pp. 1059 – 1082.

76. Pinkowitz, Lee F., Stulz. R. and Williamson. R. Why do firms in countries with poor protection of investor rights hold more cash. *Working paper*, *NBER No.* 10188, 2003.

77. Pinkowitz, L. F. and Williamson R. What is a dollar worth? The market value of cash holdings. *Georgetown University*, (2004).

http: //faculty. msb. edu/williarg/mvofcash – all.

78. Ross, S. A. Neoclassical finance, alternative finance and the closed – end fund puzzle European financial management, 2002, 8 (2): pp. 129 – 137.

79. Roston, Marc N. Mutual Fund Managers and Lifecycle Risk: An Empirical Investigation. *Ph. D. thesis University of Chicago*, 1996.

80. Santini, D. L. and Aber, J. W. Determinants of net new money flows to the equiyt mutual fund industry. *Journal of Economics*

and Business, 1998, 50: pp. 419 – 429.

81. Scholes and Myron. Crisis and risk management, american economic review. *Papers and Proceedings*, 2000, 90: pp. 17 – 21.

82. Silber, W. L. Discounts on restricted stock: the impact of illiquidity on 47. Stock Prices. *Financial Analysts Journal*, 1991 (July – August): pp. 60 – 64.

83. Sirri E. R. and Tufano. P. Costly search and mutual fund flows. *Journal of Finance*, 1998, 53: pp. 1589 – 1622.

84. Smith. T. and Whaley. R. E. Estimating the effective bid – ask spread from time and sales data. *Journal of Futures Market*, 1994, 14: pp. 437 – 55.

85. Thompson, P. The information content of discounts and premiums on closed – end fund shares. *Journal of Financial Economics*, 1978, 6: pp. 151 – 186.

86. Trout, R. Estimation of the discount associated with the transfer of restricted securities. *Taxes*, 1977 (6): pp. 381 – 384.

87. Vijh, A. SandP500 Trading Strategies and Stock Betas. *Review of Financial Studies*, 1994.

88. Warther, V. A. Aggregate mutual fund flows and security returns. *Jounral of Finnace*, 1995: pp. 209 – 235.

89. Washam, J. and D. Davis. Evaluating corporate liquidity. *TMA Journal*, 18 (March – April): pp. 28 – 31.

90. 巴曙松. 货币政策：如何应对过剩流动性冲击. 中国经济时报，2006.

91. 巴曙松. 观察流动性过剩的国际视角. 西南金融，2007（10）：4～5.

92. 巴曙松，王怡，王茜. 流动性风险监管：巴塞尔协议Ⅲ下的新挑战. 中国金融，2011（1）：27～28.

93. 白春宇，蔡春平. 开放式股票型基金业绩持续性实证研究. 湖南财经高等专科学校学报，2008（2）：107～110.

94. 陈慧群. 行为金融学对投资基金现象之解释. 市场周刊，2004（7）.

95. 陈铭新，张世英. 开放式基金投资者赎回行为的模拟. 天津大学学报，2003（1）：96～99.

96. 陈荣. 中国开放式基金投资者申购赎回行为研究. 武汉大学博士论文，2010.

97. 邓国华. 封闭式基金折价之谜研究综述. 当代财经，2005（11）：33～37.

98. 董直庆，王林辉. 股票价格与价值的测度及特性分析—基于流动性的新解释. 数量经济技术经济研究，2004（3）：126～133.

99. 段斌，夏新平. 我国开放式基金流动性风险问题研究. 统计与决策，2004（1）：105.

100. 冯金余. 开放式基金赎回与业绩的内生性——基于中国动态面板数据的分析. 证券市场导报，2009（3）：28～34.

101. 冯金余. 基于 DCC－MVGARCH 模型的证券组合 VaR 测度与拓展模型. 统计与信息论坛，2009（2）：64～71.

102. 冯金余. 开放式基金业绩与投资者的选择——基于中

国动态面板数据对申购、赎回的分析. 商业经济与管理，2009 (5)：72~80.

103. 冯金余. 开放式基金投资者的处置效应——基于中国面板数据的门限回归分析. 统计与信息论坛，2009 (7)：57~63.

104. 冯金余. 中国开放式基金投资管理效率研究. 证券市场导报，2010 (2)：42~49.

105. 冯金余. 中国开放式基金 FPR 研究. 山东大学博士论文，2010.

106. 龚亚萍. 开放式基金的业绩持续性检验. 新西部，2007 (24)：27~33.

107. 李橙一，蒋海. 利率管制：一个经济增长的分析框架. 华南全融研究，2004 (4)：45~48.

108. 敬景程. 股权流动性抑价与公理治理绩效. 经济问题探索，2005 (3)：96~98.

109. 梁权熙，田存志. 国际资本流动“突然停止”银行危机及其产出效应. 国际金融研究，2011 (2)：52~62.

110. 刘少波，丁菊红. 我国股市与宏观经济相关关系的“三阶段演进路径”分析. 金融研究，2005 (7)：57~66.

111. 李洁，张天顶. 全球流动性扩张及其对资本市场的影响. 金融研究，2010 (10)：25~35.

112. 李耀. 从行为金融学看基金的赎回现象、分红及基金经理选. 南京大学 2003 年行为金融学国际研讨会入选论文，2003. 1~10.

113. 李耀，于进杰. 开放式基金赎回机制的外部效应. 财经研究，2004，30（12）：111～121.

114. 梁朝晖，张维. 流动性的期权定价方法. 北京航空航天大学学报（社会科学版），2005（3）：8～11.

115. 梁朝晖，张维. 证券流动性折扣的期权定价方法——封闭式基金折价的流动性分析. 西南交通大学学报（社会科学版），2005（1）：84～87.

116. 廖俭. 基于实物期权视角的公司流动性定价研究. 暨南大学博士论文，2011.

117. 廖士光. 流动性价值研究综述. 当代经济管理，2007（4）：25～11.

118. 廖士光. 中国证券市场流动性价值问题研究. 上海交通大学博士论文，2007.

119. 刘聪. 基金投资风格、基金业绩与基金经理个人特征研究. 东北财经大学博士论文，2009.

120. 刘力，王汀汀. 不应忽略股票的流通权价值——兼论中国股票市场的二元股权结构问题. 管理世界，2003（9）：46～51.

121. 刘志远，姚颐. 开放式基金的“赎回困惑”现象研究. 证券市场导报，2004（2）：37～40.

122. 刘志远，姚颐. 我国开放式基金赎回行为的实证研究. 经济科学，2004（5）：48～57.

123. 娄静，王亚南等. 开放式基金投资者的赎回行为与对策研究. 深交所第七届会员单位与基金公司究成果评选终评会，

2005 (3).

124. 陆蓉，陈百助，徐龙炳，谢新厚. 基金业绩与投资者的选择—中国开放式基金赎回异常现象的研究. 经济研究，2007 (6)：39 ~ 50.

125. 启颖华，黄瑞芬. 股票型开放式基金业绩持续性经济价值分析. 证券经纬，2008 (6)：146 ~ 149.

126. 任杰，陈权宝. 中国开放式基金业绩持续性实证研究. 浙江金融，2007 (11)：1 ~ 2.

127. 束景虹. 开放式基金赎回现象的实证研究. 数量经济技术经济研究，2005.

128. 唐衍伟，陈刚. 金融衍生品：股指期货与期权. 经济科学出版社，2007 (第1版).

129. 汪昌云，汪勇祥. 股权分裂与国有股流动性溢价：基于流动性的经济学分析. 中国人民大学学报，2004 (6)：23 ~ 28.

130. 汪昌云，王大啸. 赎回权的价值与封闭式基金折价率研究——兼论“封转开”方案设计. 证券市场导报，2006 (10)：47 ~ 51.

131. 王旻，廖士光. 中国股票市场流通性价值研究——基于非流通股协议转让与限售股票转让的证据. 财经研究，2008 (3)：81 ~ 94.

132. 汪温泉，俞雪飞，潘德惠. 开放式证券投资基金预留现金比例的确定. 系统工程学报，2004 (2)：20 ~ 24.

133. 熊剑庆，王聪. 资产价格波动对我国居民消费影响的实证分析. 价格月刊, 2011 (6): 12 ~ 16.

134. 徐辉, 廖士光. 交易所大宗交易流动性折价研究—来自沪深交易所的经验证据. 证券市场导报, 2007 (11): 4 ~ 10.

135. 薛强军. 开放式基金流动性及其风险管理. 浙江大学博士论文, 2007.

136. 薛强军. 开放式基金申购赎回: 基于分离现金流量的研究. 南京农业大学学报 (社会科学版), 2006 (6).

137. 易宪容, 王国刚. 美国次贷危机的流动性传导机制的金融分析. 金融研究, 2010 (5): 41 ~ 57.

138. 严绍兵. 上市公司国有股流动性折价研究. 中国资产评估, 2005 (1): 17 ~ 24.

139. 严绍兵. 法人股流动性折价研究. 财贸经济, 2005 (4): 17 ~ 23.

140. 杨星, 郭璐. 信用风险管理理论的新发展——I^2 模型. 南方金融, 2007 (1): 29 ~ 31.

141. 尹华阳, 夏新平, 蒋俊峰. 非流通股流动性价值的收购方法实证研究述. 湖北工学院学报, 2004 (6): 44 ~ 48.

142. 游智贤. 共同基金外溢与排挤效应. 金融研究杂志, 2003, 11 (8).

143. 虞红霞. 开放式基金流动性风险研究. 厦门大学博士论文, 2009.

144. 张人骥, 刘春江. 控制权溢价、流通溢价与上市公司要约收购: 南钢股份案例研究. 管理世界, 2006 (2): 123 ~ 133.

145. 张丹. 股票市场流动性价值: 理论与实证研究. 上海

交通大学博士论文，2010.

146. 赵旭，吴冲锋. 开放式基金流动性赎回风险实证分析与评价. 运筹与管理，2003，12（6）：1～6.

147. 曾林阳. 基于期权的商业银行流动性定价研究. 暨南大学博士论文，2009.

148. 郑凌云. 公司流动性期权定价研究. 暨南大学博士论文，2007.

149. 邹小芃，黄峰，杨朝军. 流动性风险、投资者流动性需求与资产定价. 管理科学学报，2009（12）：139～149.

150. 邹宇帅，田存志. 证券投资基金交易行为与股价稳定. 金融市场，2010（5）：46～51.

后　记

时光匆匆，遥想入学当日，恍如昨日，不免感叹时光易逝，韶华难追，三年博士阶段的学习生活转眼就要结束了。论文终于定稿，尽管受到自己学术水平的限制，论文存在诸多不如意之处，但终究是为自己的博士教育交上了一份答卷。在这份答卷中，除了我自己付出的辛劳外，也凝结着众多老师、同学和亲人、朋友的汗水。没有你们的支持和帮助，我是无法完成这项工作的。

首先，衷心感谢我的导师杜金岷教授三年来的教诲、关怀和鼓励。杜老师在我论文的选题、研究理论、框架结构等各个环节均倾注了很大的心血。导师严谨的治学态度、渊博的学识、开阔的思路、独特而奇妙的思维，是我终身都要认真学习和领会的。导师在我不自信时鼓励我“你也很了不起”，迷茫时对我说“你不是一个人在孤军奋战”，简简单单的话，却让我心中暖流涌动。

衷心感谢暨南大学经济学院金融系蒋海教授、李东辉教授、刘少波教授、苏冬蔚教授、田存志教授、王聪教授、杨星教授（按姓氏的拼音排序，下同）的教导和帮助；感谢蒋海教授、刘少波教授、田存志教授、王聪教授、杨星教授在本书开题时给予的中肯意见，使我在之后的研究工作中能够少走弯路；感谢田存志教授，您那朴实无华、平易近人的人格魅力，您那浑厚的男低音，令人如沐春风、倍感温馨，您会那么早到办公室工作，给我无声的鼓舞和激励；感谢蒋海教授，每每在经济学院遇到您，您亲切的问候、关切的指导、偶尔的提醒，都让我心存温暖。感谢熊伟老师、李共先老师的支持和帮助。感谢经济学院金融系提供了如此优秀的师资力量和办学条件，各位老师的教诲，使我受益匪浅。师恩似海，永生难忘！

感谢杜门的师兄师姐师弟师妹们，是你们不是一家人胜似一家亲的兄弟姐妹情，使我紧张的博士生活也有很多欢乐和温馨。感谢师兄郭红宾、田晖、奚宾、曾林阳、刘志发、黎昌贵、廖俭、李继伟，师姐高洁、马洪娟的指导和帮助；感谢博士同门苏柯和张超林，你们认真求学的态度令我感动，是我学习的榜样；感谢师弟樊江汇、陈俊龙、吴劲华、唐俊涛、许峥、郑高泽在学习、生活和工作上对我的关心和帮助；感谢师妹李思、梁燕、庞晶晶、王诗雨、俞雅娟，想起你们心中便涌动一股暖流；感谢研一的师弟师妹，你们的多才多艺使我感受到杜门的丰富多彩。认识你们，成为杜门的一分子，是我的幸运。

感谢博士班的同学储著贞、陈志毅、贺星星、胡威、梁权熙、宋慧英、詹学思、钟玉琴在学习和生活上对我的帮助，感谢产业经济学博士任宇和市场营销学博士骆紫薇。你们是我的攻博战友，大家共同在博士独有的重压下乐观地生活，相互鼓励和帮助，一起度过这人生中“痛苦并快乐着”的三年。与你们的交流和相处，是我人生的财富。

感谢我的父母和公婆，你们在我外出求学时，毫无怨言地承担起照顾我孩子的责任。孩子太淘气了，你们一定非常辛苦，但却从来没在我面前抱怨过什么，每次回去，总是安慰我，让我放心家里。感谢我的先生，是你对我的鼓励和支持，才使我有勇气走完这求学之路。感谢我的姐姐和妹妹，是你们悉心照顾父母，让我安心求学。感谢我的孩子，你时而安静专注，时而调皮淘气，你是我快乐的源泉和前进的动力。这些亲情与恩情，令我努力前行。